KB153415

당신이 생각하는 모든 것을 믿지 말라

당신이 생각하는
모든 것을 믿지 말라

Don't Believe Everything You Think

조세프 응우옌 지음 | 박영준 옮김

서三삼독

일러두기

1. 이 책에서는 'thought'와 'thinking'을 다른 의미로 사용하고 있습니다. thought는 노력하지 않아도 저절로 마음속에서 일어나는(떠오르는, 주어지는) 어떤 것을 가리키는 '명사'입니다. 반면 thinking은 그렇게 떠오른 thought를 두고 생각을 하는 행위를 뜻하는 '동사'입니다. 뜻을 구분하기 위해 thought를 '생각'으로, thinking을 '사고', '사고 행위', '생각하기' 등으로 번역하였고, 원서를 바탕으로 최대한 분별하여 표현하고자 하였음을 말씀드립니다.

2. 본문의 굵은 볼드체와 이탤릭체는 원서를 그대로 따른 것으로 지은이의 강조 의도를 살리고자 하였습니다.

3. 본문 하단의 각주는 독자의 이해를 돕기 위한 옮긴이 주입니다.

무조건적인 사랑의 참된 의미와
사랑으로 세상을 바꾸는 법을 가르쳐주기 위해
이 땅에 내려온 천사 케나에게
이 책을 바칩니다.

당신이 지금까지 탐구해온 것들을 찾아내도록 돕기 위해, 그리고 당신이 평생 품어온 질문들에 대한 답을 알려주기 위해 이 책을 썼습니다. 이 말이 꽤 도발적으로 들릴 수도 있습니다. 하지만 내가 그토록 자신 있게 말하는 이유를 곧 깨닫게 될 겁니다.

이 책을 읽은 뒤에 당신이 예전과 전혀 다른 사람으로 변할 거란 사실을 나는 너무도 잘 알고 있습니다. 세상에서 유일하게 지속되는 것은 변화입니다(세상에서 유일하게 변하지 않는 것은 '모든 것은 변한다'는 사실뿐입니다). 성장은 삶의 필연적인 과정 중 하나입니다. 그러므로 당신이 이 책을 읽고 나서도 변하지 않는 것은 불가능합니다.

미국의 기업가 셰릴 샌드버그(Sheryl Sandberg)는 이렇게 말했습니다. "우리는 모르는 것을 바꿀 수 없다. 그러나 일단 뭔가를 알게 됐다면 그것을 바꾸지 않을 수 없다."

당신이 어떤 사람이든, 출신 지역이 어디든, 무슨 배경을 지녔든, 어떤 일을 이루었거나 이루지 못했든, 지위가 높든 낮든, 돈이 많든 적든, 심지어 화성인이든 아니든, 당신이 삶에서 원하는 것은 완전한 평화, 무조건적 사랑, 온전한 성취감, 차고 넘치는 기쁨 같은 느낌일 겁니다. 언뜻 그렇지 않은 듯이 보일 수도 있으나 그 점에서는 누구도 예외가 아닙니다.

사랑에는 어떤 경계선도 없습니다. 당신이 지금까지 추구해왔던 모든 답을 구하는 데 필요한 것은 오직 열린 가슴과 찾고자 하는 마음뿐입니다.

물론 당신이 이 책의 내용을 제대로 이해한다면 상

당한 실용적 이익과 부산물을 취할 수 있습니다. 내가 코치하는 고객 중 많은 사람이 그런 경험을 했습니다.

가령 수입이 두 배에서 다섯 배쯤 늘어나고, 사업이 폭발적으로 성장하고, 인간관계가 더욱 깊고 조화로워지고, 평생 지속되던 중독이 멈추고, 좋지 않은 습관이 사라지고, 건강과 활력과 에너지가 샘솟을지 모릅니다. 이 책에 담긴 원리를 깨달은 많은 사람에게 날마다 그런 기적이 일어납니다.

이 정도는 빙산의 일각에 불과합니다. 깨달음을 얻은 사람들의 삶이 더 나아진 사례를 극히 일부만 소개해도 책의 절반 이상이 가득 채워질 겁니다.

하지만 나는 그런 '외적인' 결과물을 언급하기가 망설여집니다. 그것이 이 책의 주제는 아니기 때문입니다. 그런 물질적 현상은 우리 삶의 경험이 어떻게 작용하는지에 대한 온전한 깨달음의 부차적 효과일 뿐입니다. 사실 우리가 돈이나 명예 같은 외적인 결과물을 추구하는 이유는 마음속에서 사랑, 기쁨, 평화, 성취감

같은 느낌을 원하기 때문입니다. 우리가 삶에서 진정으로 추구하는 대상은 물질이 아닌 느낌입니다. 하지만 우리는 물질적인 것들이 그런 느낌을 가져다준다는 그릇된 믿음의 함정에 빠져 있습니다. 비밀은 느낌 그 자체에 내재되어 있습니다.

이 책은 당신의 내면이 이미 알고 있는 진리를 밝혀내고 당신이 평생을 추구해온 이 느낌들을 체험할 수 있는 길을 안내합니다. 그럼 이 책을 삶의 길잡이로 활용하는 방법에 대해 이야기해보겠습니다.

당신은 정보를 구할 목적으로 이 책을 집어 들어서는 안 되며, 오직 통찰을 얻기 위해 읽어야 합니다. 통찰 또는 지혜는 우리의 내면에서만 발견할 수 있습니다. 그래서 영어로 이 말을 인-사이트(in-sight)라고 표현합니다. 당신이 삶에서 추구하는 모든 것을 찾아내려면 스스로의 내면을 들여다보고 당신 안에 이미 존재하는 지혜를 발굴해야 합니다. 모든 답은 당신의 영혼 속에 자리 잡고 있습니다.

　이 책은 당신이 올바른 곳을 바라보도록 방향을 안내하는 표지판에 불과합니다. 자기가 찾아 헤매는 무언가가 저 바깥에 있을 거라고 여전히 희망하는 사람들에게 나는 진심으로 경의를 표합니다. 그건 당신이 희망을 버리지 않았다는 뜻이기 때문입니다. 희망이 없다면 우리는 정말 아무것도 아닙니다. 그런 의미에서 지금 당신이 그곳에 앉아 이 책을 읽고 있다는 사실만으로도 당신의 신념과 용기와 능력을 입증하는 증거가 될 수 있습니다. 당신이 간절한 희망을 마음속에 품은 채 이 여정을 계속 이어간다면 반드시 원하는 것을 찾아내리라 확신합니다.

　나는 이 책이 진리를 말하는 유일한 책이 아님을 분명히 밝힙니다. 진리는 모든 사람과 사물에 내재되어 있습니다. 따라서 당신은 현상(물질)을 뛰어넘어 진리(마음)를 바라보고, 이를 체험해야 합니다.

이 책에서 사용된 언어는 진리가 아닙니다. 진리를 가리키는 손가락에 불과합니다. 당신은 언어의 차원을 초월해서 스스로 진리를 발견해야 합니다. 진리는 지성으로 분석할 수 없고 오직 체험할 수 있을 뿐입니다. 진리는 느낌 속에 자리 잡고 있습니다. 그래서 말로 형상화하는 것이 불가능합니다.

당신이 진리를 찾고 싶다면 언어를 넘어 **느낌을 찾아야 합니다.** 진리를 발견한 많은 사람이 완전한 평화, 무조건적 사랑, 주체할 수 없는 기쁨 등으로 그 느낌을 묘사합니다. 또 어떤 사람들은 "낯설면서도 가장 친숙한 느낌"이라고 진리를 표현합니다. "진리를 발견하면 마치 집에 돌아온 것처럼 느껴진다"고도 말합니다. 당신도 그 느낌을 찾아내는 순간 모든 비밀이 환하게 드러나는 경험을 할 수 있습니다.

내가 이 책을 통해 이야기하는 것들은, 당신이 영혼 깊숙한 곳에서 이미 잘 알고 있는 것들입니다. 진리를 체험할 때 낯설지만 친숙한 느낌을 받는 이유도 바로 여기에 있습니다.

지성으로 진리를 파악하려고 해서는 안 됩니다. 그런 시도는 결코 성공할 수 없습니다. 지성을 동원해서 진리를 계산하는 순간 곧바로 진리를 놓치게 됩니다. 진리는 문장 몇 개를 암기함으로써 얻어지는 것이 아닙니다. 문장을 외우는 일이라면 어린아이라도 할 수 있습니다. 하지만 아이들은 진리를 이해하지 못합니다.

진리는 느낌의 형태로 다가옵니다. 그 느낌 속에서 당신이 추구했던 지혜와 진리가 찾아와 스스로를 속박에서 해방합니다. 바로 그곳이 우리가 궁극적으로 도달하려는 지점입니다. 그렇지 않나요?

내가 이 책을 통해 공개하는 진리는 매우 단순해 보입니다. 너무 단순하다 보니 당신의 두뇌(에고)는 여기에 저항하거나, 이를 조금이라도 더 복잡하게 만들기 위해 애쓸지도 모릅니다. 진리가 그렇게 단순해서는 안 된다는 겁니다. 만약 당신에게도 그런 순간이 닥친다면 기억하시기 바랍니다. 진리는 언제나 단순하다는 사실을요.

복잡한 것은 항상 더 작은 부분들로 나누어집니다. 하지만 진리를 더 작은 단위로 쪼갤 수는 없으며 진리는 그 자체로 진리일 뿐입니다. 그런 이유로 진리는 늘 단순합니다. **진리를 찾고 싶다면 단순함을 구해야 합니다.** 진리를 향한 열린 마음과 순수한 의도를 바탕으로 이 책을 읽는 사람은 지금까지 추구해온 모든 것을 단번에 발견할 수 있을 겁니다.

다음 이야기로 옮겨가기 전에, 이 책에 시간과 관심을 나누어주어 진심으로 고맙다는 말을 전하고 싶습니다. 당신의 시간과 관심은 다른 사람의 삶에 더해줄 수 있는 가장 소중한 힘입니다. 내게 그 선물을 베풀어주어 감사합니다. 당신은 자기 자신에게도 그 선물을 안겨주고 있는 겁니다. 당신의 신성(神性)을 잊지 않기를 바랍니다. 우리는 오직 신성을 통해 인간성을 지킬 수 있을 뿐이니까요.

사랑과 빛을 전하며, 조세프

차례

1

The Journey to
Finding the
Root Cause of
Suffering

괴로움의
뿌리를
찾아가는 여행

사람들은 괴로움을 내려놓기를 어려워한다.

미지의 것에 대한 두려움 탓에

익숙한 괴로움을 선택하는 것이다.

—틱낫한

우리가 괴로움(suffering)을 이야기할 때 꼭 기억해야 하는 사실이 하나 있습니다. 이 책에서 말하는 괴로움 이란 심리적이고 감정적인 고통을 의미한다는 겁니다. 나는 당신이 삶에서 어떤 일을 겪는다고 해도 감정적 이고 심리적인 괴로움에 시달리지 않을 방법을 이 책 을 통해 제시하고자 합니다.

그렇다고 해서 삶에서 벌어지는 모든 일이 우리의 두뇌가 만들어낸 상상의 산물이라는 말은 아닙니다. 사람들에게는 끔찍하고 불행한 일이 매일같이 일어납 니다. 내 말의 요점은 우리가 삶에서 수많은 고통을 겪 는다 해도 이를 괴로움으로 받아들이는 것은 각자의 선택이라는 겁니다. 다시 말해 고통은 피할 수 없지만, 삶에서 벌어지는 사건이나 환경에 어떻게 대응할 것인가 하는 것은 우리 자신에게 달려 있습니다. 그리고 그로 인해 우리가 괴로움을 겪을지 그렇지 않을지가 결정됩니다.

불교도들에 따르면 우리가 삶에서 부정적인 사건을 경험할 때마다 우리를 향해 두 대의 화살이 날아온다고 합니다. 그중 첫 번째인 물리적 화살에 맞는 일도 고통스럽지만 두 번째로 날아오는 감정적 화살은 우리에게 더욱 큰 고통(괴로움)을 안겨줍니다.

부처님은 이렇게 설명했습니다. "우리가 삶을 살아가면서 첫 번째 화살을 늘 통제할 수는 없다. 하지만 두 번째 화살은 첫 번째 화살에 대한 우리 자신의 반응이다. 즉 두 번째 화살은 선택의 대상이다."

나는 부처님의 이 말씀을 처음 들었을 때 혼란에 빠졌습니다. 그분의 말씀을 이해하지 못한 것은 아니었지만 이를 내 삶에 어떻게 적용해야 할지 알 수 없었기 때문입니다. 만일 괴로움을 겪을지 말지를 스스로 선택할 수 있다면, 어느 누가 괴로움을 선택하겠습니까? 제정신을 지닌 사람이라면 누구도 괴로움을 선택하지 않을 겁니다.

우리가 괴로움을 선택하지 않을 방법은 무엇일까요? 그것이 그토록 쉬운 일이라면 세상에 괴로움을 겪을 사람은 아무도 없어야 할 겁니다. 괴로움이 어디에서 오는지, 그리고 그것을 근원에서부터 어떻게 차단할 수 있는지 내가 새롭게 깨달은 것은 그로부터 몇 년이 지난 뒤의 일입니다.

나는 수행의 여정을 떠난 이후로 사람들이 문제를 극복할 수 있도록 돕는 다양한 가르침과 연구, 방법론을 접했습니다. 수백 권의 책을 읽고, 심리학을 공부하고, 치료 전문가를 방문하고, 여러 명의 선구적 사상가를 만났습니다. 그런 가운데서 아침 4시에 기상하고 식생활을 바꾸는 등 생활 습관을 바꾸기 위해 노력했으며, 체계적이고 절제된 삶을 살기 위해 안간힘을 썼습니다.

In life, we can't always control the
first arrow. However, the second
arrow is our reaction to the first.
The second arrow is optional.

*

우리가 삶을 살아가면서
첫 번째 화살을 늘 통제할
수는 없습니다. 하지만 두 번째
화살은 첫 번째 화살에 대한
우리 자신의 반응입니다.
즉 두 번째 화살은
선택의 대상입니다.

또 그림자 작업(shadow work)*을 실천하고, 사람의 인격 유형을 학습하고, 매일매일 명상하고, 수행처를 찾고, 영적 스승들을 따르고, 고대의 여러 종교를 연구했습니다. 당신이 어떤 수행법의 이름을 대더라도 나는 이미 시도해보았을 겁니다.

내가 그토록 필사적으로 답을 찾아 헤맨 이유는 남들의 괴로움을 덜어주고 싶은 만큼 나 자신의 괴로움에서도 벗어나고 싶었기 때문입니다. 하지만 그런 일들은 자아를 개선하는 데 조금은 도움이 됐을망정 괴로움을 멈추게 하지는 못했습니다. 나는 여전히 극도로 불안하고, 두렵고, 공허하고, 짜증스럽고, 화가 나고, 좌절감을 느꼈습니다. 항상 마음이 무거웠습니다. 오랜 수행을 거친 뒤에도 원하는 답을 찾아내지 못했으며, 솔직히 말하면 탐구의 여정을 시작하기 전보다 더 큰 상실감에 빠졌습니다.

나는 삶의 목적을 잊어버렸고, 희망을 잃었으며, 방

---

*   칼 융이 창안한 개념으로 개인의 무의식에서 그림자처럼 억눌려진 부분을 빛 속으로 가지고 나오는 심리적 정화 작업

향을 놓쳤습니다. 더 이상 무엇을 해야 할지, 어디를 바라보고 누구와 이야기해야 할지 알 수 없었습니다. 그런 상황은 인생에서 경험한 최악의 어둠 속에서 환한 세상으로 이어지는 한 줄기 빛을 발견할 때까지 계속되었습니다.

이처럼 여러 해에 걸친 탐구의 여정을 이어가던 중에 내게 코치가 되는 법을 가르쳐준 스승 한 분을 만나게 됐습니다. 그분은 내가 겪고 있는 괴로움을 줄일 방법이 무엇인지를 분명하게 알려주었습니다. 그를 통해 내가 발견한 답은 우리의 마음이 어떻게 움직이고 인간의 경험이 어떻게 창조되는지를 이해하는 데 있었습니다.

2

The Root
Cause of
All Suffering

모든 괴로움의
근원은
무엇인가

똑똑한 사람은 주변을 돌아보고,

현명한 사람은 내면을 들여다본다.

—마트쇼나 들리와요

우리는 실제(reality)가 아니라 생각(thought)의 세계에서 살아갑니다. 시드니 뱅크스(Sydney Banks)*는 이렇게 말한 적이 있습니다. "생각은 실제가 아니다. 하지만 우리의 실제는 생각을 통해 창조된다."

우리는 세계에 대한 각자의 관념(perceptions)에 따라 삶을 살아갑니다. 내 옆자리에 앉은 사람의 관념과 나의 관념은 엄청나게 다를 수 있습니다.

한 가지 예를 들어봅시다. 바야흐로 청년기의 실존적 위기감에 사로잡힌 당신은 커피숍에 앉아 실의에 빠져 있습니다. 삶에서 무엇을 해야 할지 모른다는 사

* 캐나다 출신의 기업가, 영성가, 작가

실로 인해 마음이 받는 스트레스가 이만저만이 아닙니다. 다른 모든 사람도 저마다 위기를 겪고 있는 것처럼 느껴집니다. 하지만 당신 옆에 앉은 사람은 갓 볶아낸 신선한 커피의 향을 즐기며 평화롭게 다른 사람들을 지켜보고 있습니다. 당신과 당신의 옆 사람은 같은 커피숍에 앉아 같은 커피 향기를 맡으며 같은 사람들에 둘러싸여 있지만, 두 사람이 바라보는 세계는 전혀 다릅니다. 이처럼 수많은 사람은 같은 사건을 겪거나 같은 시간, 같은 장소에 있으면서도 저마다 완전히 다른 세계를 경험합니다.

우리가 실제하는 세계가 아니라 생각의 세계에서 살아감을 입증하는 또 다른 사례를 들어보겠습니다. 당신이 100명의 사람에게 돈이 무엇을 의미하는지 묻는다면, 얼마나 다양한 대답이 돌아올까요? 아마 100명의 답이 모두 다를지도 모릅니다.

엄밀히 말하면 돈은 누구에게나 똑같은 물건입니다. 하지만 돈이 의미하는 바는 사람마다 다릅니다. 어떤 사람들에게 돈은 시간, 자유, 기회, 안전, 마음의 평화를 뜻할 수 있지만, 또 다른 이들에게 돈이란 사악함, 탐욕스러움, 그리고 범죄를 유발하는 원인에 불과할지도 모릅니다. 물론 어떤 대답이 옳거나 그른지 여기서 따질 생각은 없습니다(세상에 옳고 그른 답은 없습니다. 그 점에 대해서는 뒤에서 다시 이야기합니다).

이 개념을 설명하기 위해 또 다른 예를 들어봅시다. 당신이 100명을 상대로 의견조사를 해서 현재의 대통령을 어떻게 생각하는지 묻는다면, 그 대답 역시 얼마나 다양할까요?

우리가 대통령이라는 한 사람에 대해 이야기를 나누고 있지만, 100명의 대답은 모두 다를 겁니다. 왜냐하면 사람들 대부분이 저마다의 생각과 관념에 따라 삶을 살아가기 때문입니다.

우리가 어떤 사건에 부여하는 의미(또는 사고)는 자기가 그 사건을 어떻게 느낄 것인가를 결정합니다. 다시 말해 우리는 의미 또는 사고의 필터를 통해 삶을 바라보기 때문에 실제가 아닌 실제에 대한 관념을 통해 삶을 살아가는 겁니다. **실제란 의미, 사고, 해석이**

개입할 여지 없이 일어나는 사건 그 자체를 의미합니다.

특정한 사건에 어떤 의미나 사고를 부여할지는 우리 자신이 결정합니다. 그것이 바로 실제에 대한 우리의 관념이 창조되는 방식이자, 우리 삶의 경험이 내면에서 바깥을 향해 창조되는 방식이기도 합니다.

우리에게 좋은 감정, 나쁜 감정을 갖게 하는 것은 삶에서 일어나는 사건이 아니라 그 사건에 대한 우리의 해석입니다. 가난한 나라의 국민이 부유한 나라의 국민보다 더 행복할 수 있는 이유, 선진국 국민이 후진국 국민보다 더 비참할 수 있는 이유도 여기에 있습니다.

우리가 느끼는 감정은 외부의 사건에서 오는 것이 아닙니다. 그 사건에 관한 우리 자신의 사고 행위를 통해 생겨납니다. 그러므로 우리는 오직 생각하는 것만 느낄 수 있습니다.

당신이 자기 직업을 정말로 싫어한다고 해봅시다. 당신은 그로 인해 극도의 스트레스, 불안감, 좌절감에 빠져 있습니다. 회사 건물에 발을 들여놓거나 회사 일을

We can only ever feel what we are
thinking.

*

우리는 오직 생각하는 것만
느낄 수 있습니다.

생각하기만 해도 격렬한 감정의 파도에 휩싸입니다. 가족과 함께 소파에 앉아 TV를 시청하면서도 일만 생각하면 속이 부글부글 끓습니다. 당신을 제외한 나머지 가족은 행복한 시간을 보내고 있는데 말이죠.

이렇듯 같은 공간에서 같은 사건이 일어나는 순간에도 당신은 가족 구성원과 전혀 다른 삶을 경험하고 있습니다. 몸이 일터에 있지 않은데도 일에 관한 생각만으로 실제에 대한 전혀 다른 관념을 창조하고 있는 겁니다.

만일 외부적 사건이 우리가 내면적으로 느끼는 감정의 원인이라면, 당신은 거실에서 가족과 함께 재미있는 TV 쇼를 시청할 때마다 행복한 감정을 느껴야 할 겁니다. 하지만 당신은 그렇지 못합니다.

당신은 직업이라는 외부적 사건이 스트레스와 불안감을 안겨주는 탓에 그런 감정을 느끼는 것이라고 말할 수도 있습니다. 그렇다면 당신에게 이렇게 묻고 싶습니다. 세상의 모든 사람이 본인의 직업에 대해 당신과 똑같은 감정을 느낄까요?

어느 두 사람이 똑같은 일을 하면서도 전혀 다른 경험을 할 수 있습니다. 한 사람에게는 그 직업이 세상에서 가장 놀라운 경험이며 꿈에 그리던 일일 수도 있지만, 다른 사람에게는 끔찍한 악몽이자 살아서 경험하는 지옥처럼 느껴질지도 모릅니다. 두 사람의 가장 큰 차이점은 자신의 직업을 생각하는 방식입니다. 그리고 그 방식이 직업에 대한 궁극적인 느낌을 결정합니다.

이제 당신이 본인의 일을 매우 싫어한다는 원래의 시나리오로 돌아가보겠습니다. 그 일을 떠올리기만 해도 얼마나 많은 스트레스, 불안감, 좌절감을 느꼈는지 기억하나요?

그렇다면 다음 질문에 대답하면서 간단한 실험을 진행해봅시다. **자신의 직업이 싫다는 생각만 없어진다면 당신에게 어떤 일이 일어날까요?** 1분 정도 이 질문에 대한 답을 생각해보세요. 답이 떠오르기 전에 다른 주제로 옮겨가서는 안 됩니다. 너무 깊게 파고들지 않고 대답이 내면에서 자연스럽게 떠올랐다고 가정해봅시다. 만일 현재의 직업이 끔찍하게 싫다는 생각만 사라진다면, 당신은 십중팔구 더 *행복하고, 평화롭고, 자유롭고,* 홀가분해질 겁니다.

어떤 사건이나 사물에 대해 습관적으로 생각하는 일을 멈춘다면 우리의 경험은 완전히 달라질 수 있습니다. 그것이 우리가 실제가 아닌 생각의 세계에서 살아가는 이치이며, 동시에 실제에 대한 관념이 사고를 통해 우리의 내면에서 외면으로 창조되는 이치이기도 합니다. 이 새로운 원리를 이해하게 된다면 그것은 곧 모든 심적 괴로움의 근원을 발견하는 셈입니다.

우리가 겪는 괴로움의 근원은 각자의 사고 행위입니다.

잠깐, 당신이 이 책을 난로에 던져버리기 전에 한마디 해야겠습니다. 나는 세상일이 모두 우리의 머릿속에서 만들어지는 환상이라고 말하는 것이 아닙니다. 단지 *실제에 대한 우리의 관념*이 곧 실제라고 말하는 겁니다.

우리는 스스로 생각하는 것만을 느낄 뿐입니다. 그리

고 그렇게 느끼는 것이 곧 실제입니다. 이는 부정할 수 없는 현실입니다. 다만 실제가 어떻게 창조되는지 알기 전까지는 자기가 머리로 생각한 것이 필연적이고 바꿀 수 없는 실제처럼 보이는 겁니다. 우리가 오직 생각하는 것만을 느낄 뿐이라는 사실을 깨닫는 사람은 생각을 바꿔서 느낌을 바꿀 수 있다는 사실도 깨닫게 됩니다.

다시 말해 우리는 삶의 경험이 사고에서 나온다는 것을 인지함으로써 경험을 바꿀 수 있습니다. 만일 그 말이 사실이라면, 우리는 한순간 생각하기를 내려놓을 때 뭔가 다른 것을 경험하고 나아가 삶 전체를 변화시킬 수 있는 겁니다. 그것이 바로 무념(Non-thinking)의 상태입니다.

요약하자면 생각하기, 즉 사고를 멈추는 순간이 곧 행복이 시작되는 순간입니다.

사고가 어떻게 괴로움을 만들어내는지를 보여주는 선사들의 이야기를 하나 들려드리겠습니다.

젊은 수도승과 빈 배

───────

아주 오래전 젊은 수도승 한 사람이 숲속의 작은 수도원에 살고 있었습니다. 숲 옆에는 자그마한 호수도 있었습니다. 이 수도원에서 수행 중이던 사람들은 몇몇 나이 많은 고승과 한참 갈 길이 먼 신입 수도승들이었습니다. 이곳의 수도승들은 지켜야 할 계율이 많았습니다, 그중에서도 가장 중요한 일과는 각자 자리에 앉아 눈을 감고 한 번에 몇 시간씩 침묵 속에서 명상하는 일이었습니다.

그들은 매일 명상이 끝날 때마다 수행에 얼마나 진척이 있었는지 스승에게 보고해야 했습니다. 그 젊은 수도승은 여러 가지 이유로 명상에 집중하기가 어려웠는데, 그 때문에 매우 심기가 불편했습니다.

그의 스승인 나이 많은 승려는 젊은 수도승이 수행의 진척 상황을 보고할 때 이렇게 물었습니다. "너는 무엇이 너 자신을 그토록 노엽게 하는지 아느냐?"

젊은 수도승은 대답했습니다. "제가 눈을 감고 명상을 시작하면 누군가 제 주위를 돌아다니면서 주의를 흩뜨립니다. 제가 명상 중이라는 것을 알면서도 방해한다는 사실이 화가 납니다. 어쩌면 그토록 남을 배려하지 않을 수 있을까요? 그리고 제가 다시 눈을 감고 명상에 집중하자면 고양이 같은 작은 동물들이 옆을 스치고 지나가면서 또 훼방을 놓습니다. 심지어 바람이 불고 나뭇가지가 흔들리면서 소리를 냅니다. 그래서 저는 화가 납니다. 그것만으로는 부족하다는 듯이 이번에는 새들이 짹짹대기 시작합니다. 제가 이

곳에서 마음의 평화를 얻을 수 있을 것 같지 않습니다."

나이 많은 승려는 제자에게 이렇게 말했습니다. "너는 수행을 방해하는 뭔가를 대할 때마다 점점 더 화를 내는 듯하구나. 그것은 수행의 목적과 정반대의 길이니라. 네 수행을 가로막는 사람이나 동물, 또는 다른 무엇에도 화를 내지 않을 방법을 찾아보도록 해라."

젊은 수도승은 스승과 이야기를 마친 뒤에 수도원 바깥으로 나가 좀 더 평화롭게 명상할 수 있는 장소를 찾아 나섰습니다. 그리고 근처의 호숫가에서 적당한 곳을 발견했습니다. 그는 돗자리를 그곳으로 가지고 가서 명상을 시작했습니다. 하지만 얼마 되지 않아 한 무리의 새 떼가 호수에 뛰어들면서 첨벙대는 소리가 들렸습니다.

호숫가가 수도원보다 조용하기는 했으나 그곳

에도 마음의 평화를 깨는 뭔가가 있다는 사실에 그는 다시 화가 났습니다. 비록 자기가 원하던 평화를 발견하지는 못했지만, 그는 매일같이 호숫가를 찾았습니다. 그러던 어느 날 호숫가의 작은 선착장에 묶여 있던 한 척의 배가 수도승의 눈에 띄었습니다. 그러자 그에게 이런 생각이 떠올랐습니다. "이 배를 타고 호수 한복판으로 나가서 명상하면 어떨까? 그곳이라면 아무것도 나를 방해하지 않을 테니까!" 그는 배를 저어 호수 한가운데로 나가 명상을 시작했습니다.

젊은 수도승이 기대한 대로 호수 한가운데에서는 아무것도 그를 방해하지 않았습니다. 덕분에 그는 온종일 명상에 잠길 수 있었습니다. 저녁이 되자 그는 수도원으로 되돌아갔습니다. 수도승은 이런 일과를 며칠간 되풀이하면서 마침내 평화롭게 명상할 장소를 찾았다는 사실에 기뻐

했습니다. 그는 더 이상 화를 내지 않았고 차분한 상태에서 계속 명상을 이어갈 수 있었습니다.

사흘째 되는 날, 젊은 수도승은 다시 배에 올라 호수 한가운데로 노를 저었습니다. 그리고 명상을 시작했습니다. 잠시 뒤에 갑자기 물이 튀면서 배가 흔들리는 게 느껴졌습니다. 그는 호수 한복판에서도 뭔가가 자기를 방해한다는 사실에 다시 화가 치밀었습니다.

그가 눈을 뜨자 배 한 척이 자기 쪽으로 곧바로 다가오는 모습이 보였습니다. 그는 소리쳤습니다. "방향을 바꾸시오! 내 배에 부딪히겠소." 하지만 그 배는 아랑곳하지 않고 코앞까지 다가섰습니다. 그가 계속해서 소리를 질렀지만 아무런 소용도 없이 그 배는 결국 수도승의 배에 부딪히고 말았습니다. 그는 불같이 화를 내며 이렇게 소리쳤습니다. "당신은 대체 누구기에 이 넓은 호수 한복판에서 하필 내 배를 들이받은 거요?" 하지만 상대방은 아무런 대답도 하지 않았습니다. 젊은 수도승은 더 화가 났습니다.

그는 자리에서 일어서서 그 배에 누가 타고 있는지 살펴봤습니다. 놀랍게도 배에는 아무도 타고 있지 않았습니다.

아마도 그 배는 바람을 타고 호수를 떠돌다가 수도승의 배에 부딪힌 듯했습니다. 젊은 수도승은 화가 눈 녹듯 사라지는 것을 느꼈습니다. 그건 그냥 빈 배였을 뿐입니다! 애초에 화를 낼 상대는 없었던 겁니다!

그 순간 머리에 스승의 질문이 떠올랐습니다. "너는 무엇이 너 자신을 그토록 노엽게 하는지 아느냐?" 그리고 그는 이렇게 생각했습니다. '어떤 사람이나 상황, 환경이 나를 노엽게 하는 것이 아니다. 그들은 그냥 빈 배일 뿐이다. 빈 배에 대한 나의 반응이 나를 분노로 이끄는 것이다. 내 마음을 상하게 하고 화를 돋우는 사람이나 사건은 그냥 빈 배와 같다. 내 반응이 없다면 그들에게는 나를 노엽게 할 아무런 힘이 없다.'

수도승은 물가로 배를 저었습니다. 그리고 수도원으로 돌아가 다른 수도승들 사이에서 명상하기 시작했습니다. 주위에는 여전히 소음과 방해물이 오갔지만, 그는 모든 것을 '빈 배'로 여기고 평화롭게 명상을 이어갔습니다.

스승은 젊은 수도승의 태도가 달라졌다는 사실을 알아차리고 이렇게 말했습니다. "이제 너를 진정으로 노엽게 하는 것이 무엇인지 깨닫고 그것을 이겨냈구나."

3

Why
Do We
Even Think?

우리는
왜,
생각하는가

나는 행복에 대해 생각하고, 생각하고, 또 생각했다.

그렇게 수백만 번 생각했지만,

단 한 번도 행복을 얻지 못했다.

—조너선 사프란 포어

인간은 뭔가를 합리화하고, 분석하고, 생각하는 능력을 갖춘 지적 존재로 진화했습니다. 그 능력이 생존에 도움을 주었기 때문입니다. 하지만 우리의 마음(mind)은 몸을 생존시키는 데는 놀라운 능력을 발휘하지만, 우리를 행복하게 만들어주지는 못합니다. 마음이 관심을 쏟는 대상은 삶의 보람이나 기쁨이 아니라 육신의 안전과 생존일 뿐입니다.

마음의 역할은 우리 주위에서 삶에 위협을 가할 수 있는 잠재적 위험 요소를 찾아내고 이에 대해 경고하는 겁니다. 그 역할을 너무도 잘 해내다 보니 주위에 어떤 위험이 도사리고 있는지 끊임없이 신경 쓸 뿐 아니라, 과거의 경험과 기억을 바탕으로 미래의 시나리

The mind is concerned solely with
our safety, but not our joy.

*
마음은 기쁨이 아닌,
오직 육신의 안전에만
관심을 쏟을 뿐입니다.

오를 만들어내고 앞날의 잠재적 위험 요소를 예측하기도 합니다.

물론 그것이 잘못됐다는 말은 아닙니다. 우리의 마음은 애초에 설계된 역할을 충실히 해낼 뿐입니다. 마음의 역할이 육신의 생존을 돕는 것이라는 사실을 이해하지 못한 사람은 분노하고 좌절합니다. 모든 갈등은 이런 순진한 오해에서 비롯됩니다. 마음의 임무는 몸을 생존하게 하는 것이며, 의식(consciousness)의 임무는 우리가 삶의 보람을 느끼도록 돕는 것입니다. 당신의 영혼은 평화, 사랑, 기쁨을 찾아 이 여정에 나선 이유 바로 그 자체입니다.

그동안 당신의 마음은 자기가 만들어진 이유에 부합하는 역할을 너무도 성공적으로 해냈습니다. 하지만 이제는 그 역할을 조금 덜어주어야 할 듯합니다. 왜냐하면 현대인들은 저 앞의 덤불에 죽음이 도사리고 있을지도 모를 야생의 세계에서 더 이상 살아가지 않기 때문입니다. 우리가 계속해서 마음을 사용한다면 투쟁과 도피, 불안감, 공포, 좌절, 우울, 분노, 후회 등을 포함한 모든 종류의 부정적 감정에서 헤어나지 못하게 될 것입니다.

마음은 주위에 존재하는 모든 것을 생존을 위협하는 요소로 여깁니다. 당신이 자유롭고, 행복하고, 평화스럽고, 사랑으로 가득한 삶을 살고 싶다면, 마음의 말만 듣지 말고 더 원대한 원리에 귀 기울여야 합니다. 그래야만 육신의 생존을 넘어 번영하는 삶을 누릴 수 있습니다.

4

Thoughts
vs.
Thinking

**생각
vs.
생각하기**

생각하기를 멈추면 모든 문제가 사라진다.

―노자

생각(thoughts)은 우리가 세상 만물을 창조하는 데 사용하는 활동적인 심리적 원재료입니다. 생각이 없다면 우리는 아무것도 경험할 수 없습니다. 하지만 생각은 우리가 의도적으로 행하는 뭔가가 아니라 우리에게 저절로 '주어지는' 어떤 것을 가리키는 명사(noun)입니다. 이 사실을 인식하는 것이 중요합니다. 생각은 노력하거나 힘쓰지 않아도 그냥 일어납니다. 우리는 마음속에서 생각이 떠오르는 일을 통제할 수 없습니다. 생각의 근원은 마음을 넘어선 보편적 원리에 맞닿아 있습니다.

반면 사고(thinking)는 그렇게 떠오른 생각을 두고 '생각하는' 행위(act)를 뜻합니다. 여기에는 많은 양의 에너지, 노력, 의지력 등이 필요합니다. 게다가 이들은 모두 유한한 자원입니다. 사고는 마음속에서 떠오른 생각에 적극적으로 관여하는 과정입니다. 비록 생각이 떠오를 때마다 일일이 관여할 필요는 없지만, 당신이 그렇게 행동할 때 이를 사고라고 부릅니다. 사고는 인간이 겪는 모든 심리적 괴로움의 근원입니다.

그렇다면 당신은 이런 궁금증이 떠오를지도 모릅니다. 긍정적인 생각은 어디에서 비롯된 걸까? 긍정적인 생각, 사람을 기분 좋게 해주는 생각은 사고의 결과물이 아닙니다. 그런 생각은 평화, 사랑, 기쁨 같은 인간의 본원적 상태에서 나옵니다. 다시 말해 사고의 상태가 아니라 존재의 자연적 상태에서 빚어진 부산물입니다. 다음 장에서 그 이야기를 조금 더 해보려고 합니다.

여기서 간단한 생각 실험을 진행해봅시다.

내가 당신에게 질문을 하려 합니다. 질문을 던졌을 때 당신이 할 일은 그 질문을 듣고 난 뒤에 마음속에서 무엇을 경험하는지를 스스로 알아차리는 것입니다. 그 후에 생기는 일에 대해서는 나중에 다시 이야기하겠습니다. 묻겠습니다.

당신이 꿈꾸는 이상적인 연간 수입액은 얼마입니까?

잠시 한숨을 돌리세요. 그리고 이 질문에 대한 대답이 자연스럽게 떠오르기를 기다려봅니다. 그리고 30초에서 60초 정도 시간을 할애해서 당신이 한 해에 얼마나 많은 돈을 벌고 싶은지 마음속에서 떠오른 답에 대해 생각해보기 바랍니다. 당신이 벌어들이고 싶은 금액에 관한 생각이 꼬리를 물고 일어나기 전까지 다음 단계로 넘어가서는 안 됩니다.

이제 그 금액에 다섯 배를 곱한 숫자를 떠올려보기 바랍니다.

이렇게 다섯 배가 늘어난 새로운 꿈의 수입액에 대해 어떻게 생각하나요?

또 한 번 30초에서 60초의 시간을 두고 생각합니다. 어떤 느낌이 드는지 알아차립시다. 그리고 그 느낌에 대해 다시 어떤 생각이 떠오르는지 지켜봅시다. 이 과정이 끝날 때까지 다음으로 넘어가서는 안 됩니다.

자, 이제 기억을 되돌려 조금 전 당신에게 어떤 일이

일어났는지 함께 이야기해봅시다.

내가 처음에 당신에게 한 해에 얼마나 많은 돈을 벌고 싶은지에 대해 질문했을 때, 아마 당신의 마음속에서는 몇 초 만에 대답이 떠올랐을 겁니다. 그것이 바로 생각입니다. 그 생각이 얼마나 빠르고 쉽게 당신에게 다가왔는지 주목해야 합니다.

그 대답이 당신의 마음속에서 솟아올랐을 때, 나는 그 대답에 대해 생각해보라고 말했습니다. 내가 그렇게 말한 뒤에 어떤 일이 생겼나요?

당신이 평균적인 사람이라면, 마음속에서 떠오른 생각에 대해 '생각하기' 시작하면서 마치 롤러코스터처럼 마음이 날뛰는 것을 느꼈을 겁니다.

가령 내게는 그렇게 많은 돈을 벌 능력이 없다거나, 우리 가족 중 그런 돈을 벌 수 있는 사람이 없다거나, 그렇게 큰돈을 벌 방법을 도무지 모르겠다거나, 아니면 너무 많은 돈을 원하는 것은 자신을 탐욕스럽게 만드는 멍청한 일이라고 생각했을지 모릅니다.

당신이 그런 생각에 대해 생각했을 때 어떤 감정을

느꼈는지 주목해보기 바랍니다. 아마 그다지 좋은 느낌은 아니었을 겁니다. 하지만 그래도 괜찮습니다. 잠시 뒤에 그런 느낌을 어떻게 처리할지 이야기하겠습니다.

이상에서 예를 든 것이 생각과 사고의 차이를 보여주는 하나의 사례입니다.

내가 당신에게 어떤 질문을 하면 십중팔구 당신의 마음속에서 그 질문에 대한 대답이 곧바로 떠오릅니다.

생각은 본질적으로 나쁜 것이 아닙니다. 생각이란 우리가 세상 만물을 창조하는 데 사용하는 활동적인 심리적 원재료라는 말을 기억하시기 바랍니다.

하지만 우리는 그 생각을 두고 다시 생각하는 순간 격렬한 감정의 롤러코스터에 오르게 됩니다. 그리고 마음속에서 떠오른 생각을 판단하고 비판하면서 내면적으로 온갖 종류의 감정적 소용돌이를 경험합니다.

내가 당신에게 얼마나 많은 돈을 벌고 싶은지 물었을 때, 당신의 마음속에서는 그 금액에 관한 생각이 떠올랐습니다. 그 생각 자체는 중립적이어서 당신에게

Thoughts create.

Thinking destroys.

*

생각은 창조하고,

사고는 파괴합니다.

아무런 감정적 분란을 일으키지 않았습니다. 오히려 속이 시원하고 흥분되는 느낌을 받았을 수도 있습니다. 하지만 당신은 그 생각에 대해 생각하기 시작하면서 자기 회의, 비하감, 불안감, 분노, 죄책감 등을 포함한 여러 감정을 경험했을 겁니다.

사람이 겪는 모든 괴로움의 근원은 사고, 즉 '생각하기'라는 내 말의 의미는 바로 이것입니다. 당신이 얼마나 많은 돈을 벌고 싶은지 질문을 받고 마음속에서 처음 떠오른 생각은 아무런 괴로움을 초래하지 않았습니다. 당신이 불쾌한 기분을 느낀 것은 그 생각에 대해 *사고의 행위*를 시작하면서부터입니다.

마음속에서 떠오른 생각을 일일이 곱씹거나 판단할 필요는 없습니다. 그건 아무런 도움이 되지 않는 일입니다. 당신은 생각하기라는 행위가 삶에 유용하다고 여길지 모르지만, 그것이 하는 일이라고는 부정적이고 바람직하지 않은 감정을 불러일으킴으로써 우리가 꿈을 이룰 수 없는 이유, 또는 애초에 그런 꿈을 품지 말아야 하는 이유를 만들어내는 것뿐입니다.

내가 얼마나 많은 돈을 벌고 싶은지 물었을 때, 당신의 마음속에서 처음 떠오른 생각만이 도움이 되고 유용했습니다. 그 뒤로 벌어진 사고의 행위는 파괴적이고 쓸모가 없었습니다.

생각은 창조하고, 사고는 파괴합니다. 사고의 행위가 파괴적이라고 말하는 이유는 이렇습니다. 우리가 마음속에서 자연스럽게 떠오른 생각에 대해 사고하는 순간, 그 생각을 제한하고, 판단하고, 비판하고, 규정하고 조건화하면서, 그 꿈을 실행에 옮길 수 없고 소유할 수도 없는 이유를 만들어냅니다.

사고의 행위가 없다면 당신의 마음속에서 처음 떠오른 생각이 온갖 부정적 조건화나 판단으로 인해 손상되는 일을 막을 수 있습니다.

만일 내가 당신에게 원하는 만큼 돈을 벌 방법이 무엇인지 물었다면, 이번에도 당신은 마음속에서 돈을 벌 방법이 자연스럽게 생겨나는 경험을 했을 겁니다.

이것이 바로 창조의 생각입니다. 생각은 본질적으로 무한하고, 광대하고, 활동적이고, 긍정적입니다. 만일 당신이 긍정적이고, 홀가분하고, 살아 있는 느낌을 받는다면 그건 신으로부터 부여받은 생각 덕분이라는 사실을 깨닫게 될 겁니다.

하지만 당신은 마음속에서 떠오른 생각을 두고 다시 생각하기 시작하면서 곧바로 답답하고, 부자유스럽고, 제한적인 느낌 같은 온갖 부정적 감정의 공세에 시달립니다. 당신이 이런 감정을 느낀다면 뭔가를 생각하고 있다는 신호입니다.

내 경우에는 나 자신의 느낌을 내면적인 레이더로 활용합니다. 이 레이더는 지금 내 머릿속에서 벌어지는 일이 우주에서 직접 내려받은 자연스러운 생각인지, 아니면 그 생각에 관한 사고의 과정인지를 알려줍니다.

당신은 오직 생각하는 것만 느낄 수 있습니다. 따라서 느낌이나 감정은 내가 너무 많이 생각하는지 그렇지 않은지를 알려주는 직관적인 계기판과 같습니다.

내가 뭔가 부정적 감정을 느끼고 있다면 그건 너무 많은 것을 생각하고 있다는 표시입니다. 이는 사람이 원래부터 행복하고 성공적인 삶을 살아가도록 태어났다는 사실을 입증하는 또 다른 증거가 될 수 있습니다.

다음의 표는 당신의 마음속에서 진행되고 있는 일이 자연스럽게 떠오른 생각인지, 아니면 사고의 과정인지를 비교해주는 것입니다.

생각 vs. 생각하기

속성	생각 (thoughts)	생각하기, 사고 (thinking)
근원	우주	에고
무게감	가벼움	무거움
에너지	광대함	제한적
천성	무한함	유한함
성품	창조적	파괴적
성격	긍정적	부정적
본질	신적	인간적
감정	생동감	긴장감
정서	사랑	공포
믿음	무한한 가능성	국한된 믿음
감각	전체성	분리성
노력	수월함	고됨

5

If We Can Only Feel
What We're Thinking,
Don't We Need to
Think Positively
to Feel That Way?

긍정적 사고를
통해
긍정적 감정을
느낄 수는 없을까

한 다발의 생각만 멈추면 평화, 사랑, 기쁨이 찾아온다.
이들은 모두 무념의 상태에서 생겨난다.

—디켄 베팅어

앞 장에서 나는 사람이 오직 생각하는 것만을 느낄 뿐이라는 원리를 설명하면서 한 가지 중요한 사항을 언급하지 않았습니다. 우리가 사고라는 행위를 통해 느끼는 것은 오로지 부정적 감정뿐이라는 사실입니다.

우리의 목표는 모든 부정적 감정을 완전히 사라지게 하는 것이 아닙니다. 인적이 드문 어두운 밤거리를 혼자 걷기로 마음먹었을 때 두려움이 느껴지듯이, 어떤 부정적 감정은 때에 따라 유용할 수도 있습니다.

하지만 이런 부정적 감정은 육신의 생존에 유용할 뿐입니다. 우리가 삶과 죽음을 넘나드는 극한적 상황에라도 맞닥뜨리지 않는 이상, 부정적 감정은 도움이 되기보다 그렇지 않을 때가 더 많습니다. 다시 말해 물리적 생존을 위해 안간힘을 써야 하는 상황이 아니라면 부정적 감정은 대부분 불필요하다는 것입니다.

우리가 오직 생각하는 것만 느낄 뿐이라는 내 말을 들은 사람들은 이렇게 말할지도 모릅니다. 긍정적인 감정을 얻기 위해서는 긍정적으로 생각해야만 한다고요.

그 말이 옳은지 그른지를 입증하기 위해 당신을 설득하는 대신 또 다른 생각 실험을 해보겠습니다. 당신은 이 과정을 통해 스스로 진실을 경험하게 되리라 믿습니다.

당신이 삶에서 가장 큰 기쁨과 사랑을 경험했던 기억을 떠올려 봅니다. 그때 느꼈던 감정을 30초 정도 돌이켜봅니다. 당신이 느꼈던 기쁨과 사랑이 최고조에 달한 순간에 어떤 생각이 머리를 스쳐갔나요? 그때 당신이 어떤 일을 했는지가 아니라 어떤 생각이 떠올랐는지 묻고 있는 겁니다.

이 질문에 답하는 많은 사람은 자신이 겪은 최고의

순간, 머리에는 아무런 생각이 떠오르지 않았다고 말합니다. 반면 개중에는 고맙고 행복하다는 생각이 들었다고 말하는 사람도 있습니다.

그런데 고맙다는 생각이 들었다고 대답한 사람에게 이렇게 묻고 싶습니다. 그 생각이 떠오른 것은 사랑과 기쁨의 감정을 경험하기 전의 일인가요, 아니면 그 뒤의 일인가요?

10~15초 정도 시간을 갖고 이 질문에 대답해보시기 바랍니다.

어떤 통찰이나 깨달음을 얻었나요?

놀라운 사실은 사람들 대부분이 삶에서 가장 큰 행복함을 느꼈을 때 마음속에서는 아무런 생각이 없었다는 것입니다. 그 순간 고맙다는 생각이 들었다고 말하는 사람들도 행복이라는 감정을 느낀 **뒤에야** 비로소 그런 생각을 하게 된 겁니다.

다시 말해 그들에게 생각이 떠오른 것은 감정을 느낀 뒤의 일이었습니다. 생각은 아무런 감정도 만들어내지 못했습니다.

이런 사실은 우리를 또 다른 진리로 안내합니다. **긍정적인 감정을 느끼기 위해서는 생각이나 사고가 필요치 않다는 겁니다.**

진리의 가장 아름다운 대목은 타당성을 증명하는 절차 없이 지금 이 자리에서 곧바로 경험할 수 있다는 점입니다. 진리는 입증하거나 합리화할 필요가 없습니다. 당신은 방금 진행한 실험을 통해 진리를 직접 체험했습니다.

기쁨과 사랑 같은 긍정적 감정을 느끼는 데 생각이나 사고가 필요하지 않은 이유는 무엇일까요?

인간 존재의 자연적 상태는 기쁨, 사랑, 환희, 자유, 감사 같은 느낌입니다. 하지만 그 말을 믿기가 쉽지는 않을 겁니다. 그것이 우리의 자연적 상태라면 왜 늘 그런 감정을 느끼지 못하는 걸까요? 잠시 뒤에 그 대답을 알려드리겠습니다.

어떤 사물의 자연적 상태를 알고 싶을 때 가장 좋은 방법은 그 사물의 초기 상태(즉 주위 환경에 영향을 받거

Our natural state of being is joy,
love, and peace.

*
인간 존재의 자연적
상태는 기쁨, 사랑, 환희,
자유, 감사 같은
느낌입니다.

나 조건화되기 전의 상태)를 살펴보는 것입니다.

가령 어린아이의 자연적 상태를 예로 들어봅시다. 아기(학대받거나, 방치되거나, 신체적 문제를 겪지 않은 아기) 의 자연스러운 상태는 무엇일까요? 아기가 원래부터 스트레스를 받고, 불안해하고, 걱정하고, 자의식이 강한 모습을 보이나요? 아니면 태어날 때부터 축복, 행복, 사랑 같은 상태에 놓여 있나요?

우리의 자연적 존재 상태는 기쁨과 사랑, 그리고 평화입니다. 당신이 머리를 싸매고 뭔가를 아무리 생각해도 당신 자신을 자연적 상태에서 멀어지게 할 뿐입니다. 우리가 스트레스를 받을 때 생각이 유난히 많아지는 이유도 여기에 있습니다. 우리가 느끼는 부정적 감정의 강도는 그 순간 얼마나 많은 것을 생각하는가에 따라 좌우됩니다.

바꿔 말하면 우리가 느끼는 긍정적 감정의 강도는 사고의 양에 반비례합니다. 즉 적게 생각할수록 긍정적 감정의 강도가 증가하는 겁니다.

이 말이 진리인지 확인하기 위해, 당신이 극도의 스

트레스와 불안감에 시달렸던 상황을 돌이켜보고 그때 얼마나 많은 생각을 했는지 기억해보시기 바랍니다.

1~2분 정도 시간을 할애해서 기억을 되살려보세요. 그리고 당신이 가장 행복했던 순간이나 최고의 기쁨과 사랑을 느꼈던 순간을 되돌아보고, 그때 당신이 얼마나 많은 것을 생각했는지 기억을 떠올려보기 바랍니다. 잠깐만 생각해도 당신이 발견한 진리를 체험하고 내면화할 수 있을 겁니다.

나를 지도했던 어느 영적 스승은 하나의 비유를 들어 이 개념을 설명했습니다. 우리의 마음을 자동차의 속도계처럼 생각하라는 겁니다. 그러나 이 기계는 우리가 한 시간에 몇 킬로미터를 달렸는지가 아니라 우리가 1분에 얼마나 많은 생각을 했는지를 측정합니다. 우리가 더 많이 생각할수록 '생각계(thought-o-meter)'의 바늘은 더 높이 올라갑니다. 그리고 생각의 양이 너무 많아지면 바늘이 빨간색의 경고 지역을 가리킵니다. 바로 그때가 당신이 극도의 스트레스, 피로감, 좌절감, 분노 같은 감정을 느끼는 순간입니다.

우리에게 스트레스를 불러일으키는 것은 생각의 내용이 아니라 생각하는 일 그 자체입니다. 어느 순간 우리의 머릿속에서 이루어지는 사고의 양은 우리가 느끼는 부정적 감정의 크기와 직접적으로 연관됩니다. 당신이 좌절감, 스트레스, 불안감과 같은 부정적 감정을 느끼는 이유는 뭔가를 생각하기 때문이라는 사실, 그리고 그 감정의 강도는 사고의 양과 직결된다는 사실을 알아야 합니다.

우리에게 괴로움을 유발하는 요인은 생각의 내용이 아니라 생각하는 일 그 자체입니다.

요약하면 우리는 사랑, 기쁨, 축복 같은 긍정적 감정을 경험하기 위해 '긍정적 사고'를 필요로 하지 않습니다. 우리가 긍정적 감정을 느끼는 이유는 그것이 사람의 자연적 상태이기 때문입니다. 하지만 마음속에서 떠오른 생각을 두고 다시 '생각하기' 시작하면서 그런 감정을 느끼지 못하는 상태로 전락합니다. 그리고 무한한 지혜(Infinite Intelligence)와의 연결을 스스로 차단함으로써 스트레스, 불안감, 우울감, 두려움에 시달리게 됩니다. 우리가 겪는 괴로움의 근원은 생각의 내용이 아니라 생각하는 일 그 자체입니다. 부정적 감정의 강도는 바로 이 순간 머리에서 이루어지는 사고의 양과 직결됩니다. 적게 생각할수록 긍정적 감정이 마음속에서 자연스럽게 솟아오를 공간이 커지는 법입니다.

It is not about the content of our
thinking, but that we're thinking,
which is the root cause of our
suffering.

*
우리가 겪는 괴로움의 근원은
생각의 내용이 아니라
생각하는 일 그 자체입니다.

6

How the Human
Experience is Created
—The Three Principles

경험을
창조하는
세 가지 원리

사람들이 경험을 두려워하지 않는 법만 배운다면

그것만으로도 세상을 바꿀 수 있을 것이다.

―시드니 뱅크스

사람의 경험은 보편적 의식, 보편적 자각, 보편적 생각이라는 세 가지 근본 원리에 따라 창조됩니다. 이들 세 가지 원리는 함께 작용하면서 우리에게 삶의 모든 경험을 제공합니다. 그중 하나라도 없다면 우리는 아무것도 경험할 수 없습니다. 이 원리를 처음 발견한 사람은 시드니 뱅크스였습니다. 나는 여러분과 함께 그 이야기를 나눌 수 있는 특권을 부여받아 기쁩니다.

우리는 그 세 가지 원리를 이해함으로써 괴로움을 줄이는 방법을 알게 될 뿐만 아니라, 만물의 근원으로부터 세상을 창조할 수 있습니다.

보편적 의식

보편적 의식(Universal Mind)은 살아있는 모든 사물 뒤에 작용하는 지적 원리로서, 세상 만물을 움직이는 생명력이자 에너지입니다. 한 개의 도토리가 나무로 자라나고, 별들이 궤도를 지키며 우주를 운행하고, 몸에 난 상처가 저절로 아무는 것도 보편적 의식 덕분입니다. 또 우리가 인위적으로 숨을 쉬거나 심장을 뛰게 할 필요 없이, 신체가 알아서 기능을 조절하고 육신을 살아있게 유지하는 것도 이 원리가 작용하기 때문입니다. 이런 모든 일을 해내는 법을 알고 세상 만물에 깃들어있는 지적 원리를 보편적 의식이라고 합니다.

많은 사람이 여기에 신, 무한한 지혜, 양자장(量子場), 만물의 근원(Source) 등을 포함한 다양한 이름을 붙입니다. 우리의 생각뿐 아니라 우주 만물은 모두 여기에서 나옵니다. 세상의 모든 것은 보편적 의식에 연결되어 있으며, 따로 떨어져 있는 것은 아무것도 없습니다. 뭔가가 분리된 듯이 보인다면 그건 우리의 사고를 통해 만들어진 환상일 뿐입니다.

우리가 보편적 의식에 연결되면 사랑, 기쁨, 평화, 감동으로 가득한 완전하고 충만한 감정을 경험합니다. 하지만 우리는 뭔가를 생각하기 시작하면서(즉 환상이나 에고를 믿기 시작하면서) 이런 보편적 의식의 흐름을 스스로 차단해버리고 소외되고, 좌절하고, 외롭고, 분노하고, 억울하고, 슬프고, 우울하고, 두려운 느낌을 받게 됩니다.

보편적 자각

보편적 자각(Universal Consciousness)이란 모든 사물의 집단적 자각을 일컫는 말입니다. 이는 우리가 존재한다는 사실과 우리의 생각을 스스로 알게 해주는 원리입니다. 보편적 자각이 없다면 우리는 아무것도 경험할 수 없습니다. 그리고 우리의 오감 또한 아무런 쓸모가 없습니다. 왜냐하면 알아차릴 대상이 없기 때문입니다. 이 원리는 모든 사물에 생명을 불어넣고 우리가 그들을 인식할 수 있게 만들어줍니다.

보편적 생각

보편적 생각(Universal Thought)은 우리가 세상 만물을 창조할 때 사용하는 원재료입니다. 사람에게는 보편적 의식으로부터 에너지를 공급받아 뭔가를 생각하고 형상을 만들어내는 능력이 있습니다.

우리가 보편적 자각을 통해 인식하는 대상이 바로 생각입니다. 우리에게 생각이 없다면 아무것도 알아차릴 수 없습니다. 생각은 우리가 TV를 통해 영화를 볼 수 있도록 정보를 제공하는 DVD와 같은 역할을 합니다. 보편적 자각은 DVD에 담긴 정보를 화면에 띄워 우리에게 영화를 경험하게 해주는 TV나 DVD 플레이어에 비유할 수 있습니다. 그리고 보편적 의식은 TV와 DVD 플레이어를 작동하게 하는 전기와도 같습니다. 사물을 서로 연결하고 모든 것에 생명력을 제공하는 보이지 않는 에너지이기 때문입니다. 보편적 의식은 세상 만물이 함께 작용하고 기능을 수행하게 만드는 근원입니다.

7

If Thinking
Is the Root Cause of
Our Suffering,
How Do We Stop
Thinking?

사고가 괴로움의
근원이라면 이를
어떻게 멈춰야 할까

번잡한 마음에는 평화를 위한 여백이 없다.

—크리스틴 에반젤루

천국과 지옥 : 어느 선사의 이야기

사납고 건장한 모습의 사무라이 한 사람이 깊은 명상에 빠져 있는 어느 선사(Zen master)에게 다가갔습니다. 사무라이는 참을성 없고 무례한 태도를 보이며 선사를 향해 거친 목소리로 이렇게 소리쳤습니다. "천국과 지옥이 뭔지 말해보시오."

선사는 눈을 뜨고 사무라이의 얼굴을 바라본 뒤에 경멸하는 말투로 대답했습니다. "왜 내가 너처럼 초라하고, 역겹고, 힘 빠진 멍청이의 질문에 대답해야 한다는 말이냐? 네 모습을 더 이상참기가 어려우니 내 눈앞에서 썩 사라져라. 나는그런 얼빠진 질문에 답할 시간이 없다."

그 사무라이는 이런 모욕을 견딜 수가 없었습니다. 머리끝까지 화가 치민 그는 선사의 목을 단숨에 베어버릴 작정으로 칼을 빼서 치켜들었습니다.

선사는 사무라이의 눈을 똑바로 바라보며 조용히 말했습니다. "그것이 바로 지옥이니라."

사무라이는 그 자리에서 얼어붙었습니다. 자신이 순식간에 분노의 손아귀에 사로잡혔다는사실을 알아차린 겁니다. 그의 마음은 억울함, 증오, 자기방어, 분노에 가득한 지옥을 스스로 만들어냈습니다. 그는 자신이 깊은 괴로움에 빠진나머지 누군가를 죽이는 일도 마다하지 않는 지경에까지 이르렀다는 사실을 깨달았습니다.

사무라이의 눈에 눈물이 고였습니다. 그는 칼을 옆으로 치우고 두 손을 합장하며 깨달음을 얻게 해준 데 감사하는 절을 올렸습니다.

선사는 부드럽게 미소를 지으며 말했습니다. "그것이 바로 천국이니라."

생각하기를 완전히 멈출 수는 없습니다. 하지만 생각하는 데 쏟는 시간을 매일같이 조금씩 줄여나갈 수는 있습니다. 그렇게 노력하다 보면 하루의 거의 전부를 생각하는 행위에 사로잡혀 살아가기보다 더없는 행복의 상태에서 많은 시간을 보내게 될 것입니다.

사람들은 생각하기, 즉 사고를 멈추려고 노력하는 일이 저절로 떠오르는 모든 생각마저 송두리째 없애려고 애쓰는 행위라고 착각합니다. 하지만 그렇지 않습니다. 생각과 사고의 차이점을 알게 된 사람들은 생각이 마음속에서 솟아나 자연스럽게 돌아다니도록 놓아둡니다. 다만 그렇게 떠오른 생각에 대해 '생각하는' 시간을 줄이려 노력할 뿐입니다.

생각하기를 멈추는 일에 있어서 가장 흥미롭고 역설적인 대목은, 자신이 생각하기를 하고 있다는 사실을 알아차리기만 해도 별다른 노력 없이 그러한 사고 행위를 최소화할 수 있다는 것입니다. 다시 말해 내가 지금 뭔가를 생각하는 중이며 이러한 행위가 모든 괴로움의 근원이라는 사실을 인지함으로써 사고의 굴레에서 벗어날 수 있고, 이를 바탕으로 사고 행위를 멈추거나 지나가게 할 수 있는 겁니다. 여기에는 아무런 노력이 필요치 않으며, 순수하게 현재의 순간에 머무르는 것만으로 그 경지에 도달할 수 있습니다.

내 영적 스승의 한 분은 하나의 비유를 들어 이 개념을 설명했습니다.

내가 탁하고 더러운 물 한 그릇을 당신에게 주면서 이 물을 깨끗하게 만들어 달라고 부탁했다고 가정해봅시다. 당신은 어떻게 맑은 물을 만들겠습니까? 15초 정도 대답을 생각해보시기 바랍니다.

사람들 대부분은 물을 여과하거나 끓여야 한다고 대답합니다. 하지만 그들은 물그릇을 한동안 가만히 놓아두면 오물이 밑바닥으로 가라앉아 물이 저절로 깨끗해진다는 사실을 알지 못합니다.

우리의 마음이 작동하는 방식도 이와 같습니다. 우리가 굳이 여과하거나 끓이지 않고 가만히 놓아둔다면 저절로 가라앉아 마음은 그러한 사고 행위로부터 자유로워질 것입니다. 물의 본원적인 상태는 깨끗합니다. 우리의 마음도 본원적 상태는 맑고 깨끗합니다. 단지 우리가 스스로 마음을 뒤흔들어 탁하게 만들 뿐입니다.

당신의 삶이 불투명하고, 혼란스럽고, 괴롭게 느껴진다면 그건 사고라는 행위가 자욱한 먼지를 일으켜 마음을 흐리고 앞을 분간하기 어렵게 만드는 탓임을 깨닫기를 바랍니다. 그러므로 당신의 감정 상태를 지표

If we let our thinking sit without
disturbing it by trying to "filter" or
"boil" it, the thinking will
settle down on its own.

*

우리가 굳이 여과하거나
끓이지 않고 가만히 놓아둔다면,
사고 행위는 저절로
가라앉을 것입니다.

로 삼으면 자기가 너무 많은 것을 생각하고 있지 않은
지 판단할 수 있습니다.

사람은 오직 생각하는 것만 느낄 수 있고 사고는 모
든 부정적 경험의 근원이라는 사실을 깨닫는 순간, 당
신은 참된 진리를 발견한 겁니다. 그런 다음 여유를 갖
고 사고 행위가 멈추기를 기다리면 어느덧 맑은 마음
이 되돌아오는 것을 느낄 수 있습니다.

우리가 뭔가를 생각하는 일은 마치 모래늪에 빠진
것과 비슷합니다. 생각과 싸울수록 부정적인 감정은
커지고 상황은 더 나빠집니다. 모래늪도 마찬가지입니
다. 당신이 모래늪에 빠졌을 때 그 상황과 싸우면 절대
그곳에서 벗어날 수 없습니다. 공포에 질려 정신없이
버둥댈수록 모래늪은 더 거세게 당신을 아래쪽으로
빨아들입니다.

이 함정을 빠져나오는 유일한 방법은 모래와 싸우는
일을 멈추고 몸이 부력을 받아 늪의 표면으로 자연스
럽게 떠오르기를 기다리는 겁니다. 우리가 생각하는
행위에서 벗어나는 유일한 방법 역시 여기에 맞서 싸

우지 않고, 내면적 지혜가 맑고 평화로웠던 원래의 상태로 우리를 인도하기를 믿고 기다리는 것뿐입니다.

당신이 생각하는 상태와 생각하지 않는 상태를 끊임없이 오락가락한다고 느낀다면, 그건 매우 정상적인 상태임을 알아야 합니다. 매일 매 순간 아무것도 생각하지 않으면서 사는 사람은 아무도 없습니다. 만일 우리가 그토록 불가능한 목표를 세운다면, 오히려 자신을 생각하는 상태로 밀어 넣어 더 큰 괴로움을 초래할 것입니다.

사람은 물리적이고 유한한 경험을 지닌 영적이고 무한한 존재입니다. 우리는 사람과 신을 연결하는 중간 통로에서 살아가기 때문에 기쁘고 평화로운 상태와 불안하고 스트레스를 느끼는 상태를 자연스럽게 오갑니다. 따라서 우리는 생각하는 상태와 생각하지 않은 상태가 끝없이 교차하는 일을 막을 수 없습니다. 다만 생각하는 시간을 최소한으로 줄임으로써 기쁨, 평화, 열정, 충만한 사랑을 느낄 시간을 더 많이 만들어낼 수는 있습니다.

　당신은 본인의 사고를 스스로 통제하지 못한다는 사실을 어쩔 수 없는 운명의 저주처럼 받아들일지도 모릅니다. 하지만 걱정할 필요가 없습니다. 우리는 언제라도 사고의 행위가 멈춘 무념의 상태로 돌아갈 수 있습니다. 그것 역시 사람이 이 세상에서 겪는 멋진 경험의 하나입니다.

　어느 순간 당신의 머릿속에서 뭔가 생각이 시작됐다면, 그 밑바탕에는 순수한 평화, 사랑, 충만함의 상태가 자리 잡고 있다는 사실을 자각함으로써 진정한 평화를 얻기를 바랍니다. 우리가 원하는 그 아름다운 상태는 결코 잃어버릴 수 없으며, 단지 잊어버릴 뿐입니다. 잊었다고 해서 존재하지 않는 것은 아닙니다. 밤이 찾아와 해가 지면, 우리는 눈으로 해를 볼 수 없어도 그곳에 해가 있다는 사실을 압니다. 혹시라도 떨어진 해가 다시 솟아오르지 않을지도 모른다고 생각하는 순간 당신은 불안하고 두려운 느낌에 휩싸일 것입니다. 우리 존재의 상태도 마찬가지입니다.

한순간만 주의를 기울여도 우리의 내면에는 무한한 맑음, 사랑, 기쁨, 평화, 충만함의 우물이 늘 존재함을 기억할 수 있습니다. 때로는 이를 망각할지도 모르지만, 우리가 겪는 부정적 감정의 원인이 오직 생각에 사로잡힌 탓이라는 사실을 기억해낸다면, 언제라도 원래의 자연적 상태로 되돌아갈 것입니다. 우리가 해야 할 일은 모든 괴로움이 생각하기에서 비롯되며 해는 사라지지 않고 다시 떠오른다는 사실을 기억함으로써 평화를 얻는 것뿐입니다. 그리고 그런 이해를 바탕으로 이 광활한 우주에서 밤의 존재가 차지하는 역할에 비로소 감사할 수 있습니다. 밤이 어떻게 우리 경험의 일부가 되는지 깨닫고, 해의 찬란함 못지않게 밤의 아름다움도 소중히 여길 수 있는 겁니다.

8

How Can
We Possibly Thrive
In the World
Without Thinking?

생각하지 않고서
어떻게 살아갈 수
있는가

불안은 통제 없는 생각이고
몰입은 생각 없는 통제다.

—제임스 클리어

생각하지 않고서 어떻게 살아갈 수 있을까? 이 질문에 관한 통찰로 당신을 인도하기 위해 또 다른 질문을 던져보겠습니다.

당신이 현재 진행 중인 일에 전적으로 몰두해서 최고의 기량을 발휘할 때 머릿속에서는 어떤 생각이 흘러가나요?

마음속에서 답이 떠오르기를 10초에서 15초 정도 기다려보기 바랍니다. 이 답을 얻은 뒤에도 아무런 통찰이나 깨달음을 얻은 바가 없다면, 당신을 올바른 방향으로 안내할 또 다른 질문을 해보겠습니다.

당신이 세상에서 가장 좋아하는 일을 하면서 시간과 공간을 구분하지 못할 정도로 일에 푹 빠졌을 때

(즉 당신이 완전한 몰입의 상태에 놓여있을 때), 마음속에서는 어떤 생각이 드나요?

잠시 숨을 돌리고 30~60초 정도 답이 떠오르기를 기다려보기 바랍니다.

당신이 완전한 몰입의 상태에 돌입해서 최고의 능력을 발휘하는 순간, 사람과 일의 구분은 사라지고 아무런 생각이 없는 상태가 됩니다. 설령 뭔가 생각이 떠올랐다고 해도 마음을 잠시 스쳐 갈 뿐입니다. 즉 사람이 최고의 성과를 거두는 상태는 아무것도 생각하지 않는 상태입니다. 미친 소리처럼 들릴지 모르지만, 방금 당신이 본인의 경험을 통해 입증했듯이 사람은 아무것도 생각하지 않을 때 최고의 성과를 달성합니다.

이 주제에 담긴 진리를 입증하는 또 다른 사례를 소개합니다. 프로 운동선수나 올림픽에 참가한 선수들은 경기가 진행되는 동안 모든 것을 곰곰이 생각하고 일일이 따질까요? 그들은 경기가 한창일 때 무엇을 생각할까요? 최고의 성적을 올리는 운동선수들은 본인의 경기력이 최고조에 달했을 때 자기가 바로 '그 지점 (the zone)'에 도착했다고 표현합니다. 그들이 말하는 그 지점이란 바로 몰입의 상태, 또는 아무것도 생각하지 않는 무념의 상태를 뜻합니다.

일본의 문화에서는 이런 상태를 표현하는 무심(無心)이라는 멋진 말이 있습니다. 〈쇼토칸 타임스 (Shotokan Times)〉*에서는 무심을 다음과 같이 정의합니다.

"무심의 상태는 마음이 두서없는 생각, 분노, 공포, 그리고 에고로부터 자유로워질 때 달성된다. 무심은 가라테의 대련(對鍊)을 포함한 삶의 모든 측면에 적용된다. 대련 중에 무심의 상태에 도달한 사람은 머릿속에서 제멋대로 날뛰는 생각을 없애고 아무런 망설임 없이 자연스럽게 동작을 취하고 상대방의 동작에 대응한다. 가라테 무술가는 오직 자신을 이 순간까지 이끌어준 모든 수행과 훈련을 바탕으로 상황에 대처한

* 쇼토칸 가라테 유파에서 운영하는 온라인 매체

다. 다음 동작을 어떻게 취해야 할지 머리로 생각해서 결정하는 것이 아니라, 그동안의 훈련, 본능, 그리고 무의식적인 반응이 지시하는 대로 몸을 움직이는 것이다."

충분한 훈련을 마친 운동선수에게 지나친 사고는 좋은 성적을 가로막는 방해물일 뿐입니다. 그건 다른 사람들에게 있어서도 마찬가지입니다. 당신이 과도한 생각에 휩싸였을 때 마음이 하는 일이라고는 망설이고, 꺼리고, 의심하고, 불안해하고, 두려워하는 것뿐입니다.

반면 무심의 상태에서는 최고의 성과를 내고 잠재력을 끝까지 발휘할 수 있게 됩니다. 당신은 생각하는 일을 멈춤으로써 에고의 한계에서 벗어나 세상에서 가장 놀라운 뭔가를 창조할 수 있습니다. 나는 당신에게 내 말을 믿으라고 강요하지 않습니다. 단지 스스로 시도하고 경험하면서 그 통찰을 자기 것으로 만들기를 바라는 겁니다.

9

If We Stop Thinking,
What Do We Do
About Our Goals,
Dreams & Ambitions?

생각하기를 멈추면
삶의 목표를
잃어버리게 될까

마음은 한계가 없다.
우리의 생각이 한계를 정할 뿐이다.

—나폴레온 힐

나는 생각한다, 고로 괴로워한다

나는 사고가 모든 괴로움의 근원이라는 사실을 깨달은 순간, 그동안 삶에서 경험한 모든 부정적 감정의 진정한 이유를 발견했다는 사실이 너무도 기쁘고 고마워서 자리에서 일어나 경중경중 뛰었습니다. 하지만 그런 황홀감은 오래 지속되지 못했습니다. 환희가 가라앉자마자 또 다른 생각이 마음속에서 솟아났기 때문입니다.

만일 사고가 괴로움의 근원이라는 이유로 생각하기를 아예 그만둔다면 나는 이 세상을 어떻게 살아가야 할까요? 내가 지닌 목표, 꿈, 야망 등은 모두 어떻게 해야 하나요? 이제 삶에서 뭔가를 꿈꾸고 희망하는 일은 멈춰야 할까요? 그리고 거실에 앉아 온종일 TV나 보면서 더는 아무 일도 하지 않는 사람이 되어야 하는 건가요?

당신이 이런 궁금증을 품고 있다면 내가 그 마음을 정확히 읽은 셈입니다. 그렇다고 내가 점쟁이라는 말은 아닙니다. 내가 당신의 마음을 잘 아는 이유는 나 역시 평범한 사람이기 때문입니다. 사람들은 진정한 자아(True Self)를 깨닫기까지 모두 비슷한 여정을 밟습니다. 따라서 모든 사람이 자신의 참된 위대함을 발견하는 과정에서 당신과 똑같은 생각을 한다고 확신해도 좋습니다.

그럼 우리가 사고를 멈췄을 때 개인적인 목표, 꿈, 야망은 어떻게 해야 하느냐 하는 질문으로 돌아가봅시다. 나는 이 의문을 품게 되면서 엄청난 두려움과 불안감을 느꼈습니다. 이제는 모든 것을 포기한 채 산속으로 들어가 수도승이 되어야 할지도 모른다는 생각이 들었기 때문입니다.

나는 그럴 준비가 전혀 되어 있지 않았습니다. 비록

진정한 깨달음을 얻어 삶이라는 이름의 굴레에서 벗어나고 싶은 마음은 간절했지만, 나는 이 세상에서 살아가며 다른 사람들과 더불어 삶의 충만함을 경험하는 일이 진심으로 즐거웠습니다. 물론 내 삶의 많은 부분은 괴로움으로 채워져 있었지만 말입니다.

새로운 깨달음을 얻은 뒤에 삶의 목표나 꿈을 어떻게 처리해야 하는지에 관해 내가 새롭게 발견한 사실은 이렇습니다. 앞에서 여러 차례 말한 대로 '생각'과 '사고'는 다릅니다. 다시 말해 생각의 근원과 사고의 근원은 같지 않으며, 그 근원의 차이로 인해 우리가 괴로움을 겪을지 그렇지 않을지가 결정됩니다.

이와 비슷하게 우리의 꿈과 목표가 만들어진 근원역시 우리가 그 목표를 추구하는 과정에서 행복한 감정을 경험하는지 그렇지 않은지를 결정합니다. 세상의 모든 일이 다 그렇듯이 원래부터 좋고 나쁜 것은 아무것도 없습니다. 다만 우리의 생각이 그런 차이를 만들 뿐입니다. 당신의 목표, 꿈, 야망 등도 좋은지 나쁜지를

There are two sources of goals :
goals created out of inspiration and
goals created out of desperation.

*

우리의 목표는
영감과 절박감이라는
두 가지 원천에서
만들어집니다.

따질 수 있는 양자택일의 대상이 아니며, 단지 그 목표가 어디서 왔느냐가 중요합니다.

우리의 목표는 영감(inspiration)과 절박감(desperation)이라는 두 가지 원천에서 만들어집니다.

절박감에서 만들어진 목표는 당사자에게 결핍감과 긴박함을 안겨줍니다. 마치 어깨에 무거운 짐이라도 짊어진 듯이 그 목표가 부담스럽게 느껴지는 겁니다. 게다가 본인이 달성하겠다고 약속한 거창한 목표 앞에 스스로 위축되면서 가면 증후군(imposter syndrome)*이나 자기 회의감을 경험하기도 합니다. 우리는 정신없이 바쁜 일상을 살아가며 조금이라도 더 빨리 목표를 달성할 방법을 필사적으로 찾아 헤매고, 늘 바깥쪽을 바라봅니다. 그러면서도 내적으로는 전혀 만족감을 느끼지 못하고, 심지어 만족할 수 있다는 사실 자체를 잊어버립니다.

---

*   자기가 노력이 아니라 행운 덕분에 성공했다고 생각하면서 스스로 주변 사람들을 속이고 있다고 불안해하는 심리

그중에서도 최악의 상황은 목표를 달성한 뒤에도 얼마간의 시간이 지나면 예전과 똑같은 결핍감이 다시 고개를 든다는 겁니다. 우리는 자신이 성취한 일에 대해 아무런 만족감을 느끼지 못하고 이를 음미하지도 못하는 상태로 접어듭니다. 자기가 해낸 일이 만족스럽지 않고, 자기 자신에 대해서도 불만족스럽기 때문입니다. 더 이상 무엇을 해야 할지 알지 못한 채 바깥을 둘러보며 아무리 조언을 구해도 별 소용이 없습니다. 다른 사람들 역시 똑같은 일을 지속하고 있다는 것을 확인할 뿐입니다. 그래서 자신의 영혼을 갉아먹는 부정적인 감정에서 벗어나야 한다는 절박감을 바탕으로 또 다른 목표를 세웁니다.

이런 종류의 목표를 조금 자세히 들여다보면 이것이 '궁극적 목표(end goal)'가 아니라 '수단적 목표(means goal)'라는 사실을 알 수 있습니다. 절박감의 상태에서 세워진 목표는 또 다른 목적을 달성하기 위한 수단에 불과합니다. 다시 말해 그 목표를 달성하고자 하는 이유가 별도로 존재하는 겁니다.

예를 들어 당신이 수백만 달러 규모의 회사를 설립한다는 목표를 세운 이유는 경제적인 자유를 원하거나, 직장을 그만두고 일에서 오는 스트레스와 불안감에서 벗어나고 싶은 마음 때문일 수 있습니다. 우리는 그 목표를 마음속에서 '이루고 싶은' 뭔가가 아니라 반드시 '이루어야 하는' 뭔가로 느낍니다.

절박감에서 만들어진 목표는 대체로 현실적이며, 과거에 대한 분석과 이 순간 타당하다고 생각되는 정보를 기반으로 만들어집니다. 즉 그것은 매우 구체적이고 제한적인 느낌을 주는 목표일 수밖에 없습니다. 이런 종류의 목표나 꿈이 우리를 순간적으로 흥분시키고 들뜨게 할 수는 있지만, 우리는 그 목표를 세우려는 노력을 시작하자마자 결핍감을 느끼고 그 꿈을 이루기 위해 사생결단의 자세로 달려들게 됩니다. 역설적인 사실은 절박감에서 만들어진 목표를 달성한 사람은 전에 비해 오히려 더 큰 공허함을 느낀다는 것입니다. 그런 상황에서 우리가 다음으로 취할 '논리적인' 행동은 더 큰 절박감을 바탕으로 더 큰 목표를 세움으로써 공허한 마음을 채우는 겁니다.

사람들 대부분이 이런 식으로 목표를 세우고 삶을 살아갑니다. 나는 그런 방식을 비판하거나 나무라기 위해 이 말을 하는 것이 아닙니다. 단지 현실이 그렇다고 지적하는 겁니다. 내가 고통스럽고 가혹할 정도로 그 모습을 자세히 묘사할 수 있는 이유는, 바로 그것이 과거의 내 삶이었기 때문입니다.

하지만 당신에게 한 가지 좋은 소식이 있습니다. 당신이 그런 식으로 목표를 세우는 것은 본인의 잘못이 아니며, 이를 충분히 피할 방도도 있다는 것입니다. 우리는 절박감이 아니라 영감을 바탕으로 목표와 꿈을 만들어낼 수 있습니다.

우리가 영감을 통해 목표를 세울 때는 이야기가 전혀 다릅니다. 사람들이 영감을 받은 상태에서 뭔가를 창조할 때는 감동적이고, 직관적이고, 속이 탁 트이는 느낌을 받습니다. 그렇게 만들어진 목표는 의무가 아니라 소명처럼 느껴집니다. 마치 우리의 내면에서 강력한 생명력이 샘솟아 자아를 통해 현실 세계로 모습을 드러내는 듯합니다. 화가가 그림을 그리고, 댄서가 춤을 추고, 작가가 글을 쓰고, 가수가 노래를 부르는 이유도 여기에 있습니다. 비록 그런 활동을 통해 충분한 돈을 벌거나 생계를 해결하지 못한다 해도, 그들은 개의치 않습니다. 사람들은 생명력에 이끌려 뭔가를 창조합니다. 마치 중력처럼 그 힘에 빨려 들어가고, 그렇지 않으면 도저히 견디지 못하는 겁니다. 우리가 그런 감정을 느낄 때는 결핍감이 아니라 충만함의 공간에서 삶의 목표를 만들어냅니다.

그중에서도 가장 놀라운 사실은 우리가 이런 상태에 빠져 있을 때는 그저 자신이 원한다는 것 이외에는 다른 이유가 없이 목표를 창조한다는 겁니다. 우리는 뭔가를 '해야 하기' 때문이 아니라 '하고 싶어서' 목표를 세웁니다. 그밖에는 아무런 이유가 없습니다. 다른 일을 해야 한다거나 다른 뭔가를 얻어내기 위해 그 목표를 이용하지 않습니다. 그 목표는 완전함과 풍족함의 공간에서 창조됩니다. 그곳에는 삶의 기쁨과 사랑이 넘쳐흐릅니다.

사람들이 아기를 낳는 이유도 여기에 있습니다. 우리는 아기가 컸을 때 금전적 대가를 얻기 위해서나 은퇴에 대비한 수단으로 삼기 위해 아기를 낳고 키우는 것이 아닙니다. 우리가 아기를 원하는 이유는 자기가지닌 풍요로움을 함께 나누고 싶기 때문입니다. 다시 말해 우리는 뭔가를 얻기 위해서가 아니라 나눠주고 싶은 마음에서 아기를 낳습니다.

이런 심오한 영감은 이 세계에서 비롯된 것이 아니기 때문에, 말로 설명하기가 너무 어렵습니다. 이는 우리의 내면에서 오는 것이 아니라, 우리 자신보다 위대한 뭔가가 우리를 통해 드러납니다. 나는 이런 느낌을 신적 영감(divine inspiration)이라고 부르고 싶습니다.

우리가 창조하기를 원하는 대상에 관한 아이디어나비전은 우리의 상상력을 훨씬 뛰어넘는 원대한 무엇입니다. 신적 영감은 우리 자신보다 위대한 어떤 존재에서 오기 때문에 과거의 데이터에 의존하지도 않고, 당신이나 다른 사람들이 그 목표를 이미 달성했는지도

Divine inspiration is one of the
greatest feelings we can experience.

*

신적 영감은
우리가 겪을 수 있는
최고의 감정입니다.

신경 쓰지 않습니다. 불과 얼마 전까지 실현 불가능해 보였던 뭔가가 창조되거나 발명되어 세상을 온통 뒤흔들어놓을 때, 그때가 바로 신적 영감이 작동하는 순간입니다. 여기에는 어떤 경계선도, 한계도, 제약도 없습니다. 이는 우리에게 에너지와 성장을 제공함으로써 마치 삶의 '높은 곳'에 오른 듯이 느끼게 해주는 놀라운 힘입니다.

우리는 신적 영감의 상태에 돌입했을 때 조건 없는 사랑, 기쁨, 평화를 얻을 뿐 아니라 있는 그대로의 온전한 느낌을 경험합니다. 또 뭔가를 끝없이 분석하고, 비교하고, 비판하고, 평가하고, 합리화하는 대신 참되게 살아가고, 사랑하고, 나누고, 베풀고, 창조하고, 성장하고, 길러냅니다.

신적 영감은 우리가 겪을 수 있는 최고의 감정인 동시에, 사람이 신성을 경험할 수 있도록(우리가 신을 경험할 수 있는 이유는 근원이 같기 때문입니다) 우리에게 주어진 진정한 선물입니다.

이런 심오한 느낌은 모든 사람이 경험할 수 있습니

다. 우리는 절박감이 아닌 순수한 신적 영감을 통해 이 세상에서 뭔가 놀라운 것을 창조하고자 하는 욕구를 느낍니다. 나는 당신이 한 가지 실험을 통해 이 이론을 검증해보기를 권합니다.

잠시 숨을 돌립니다. 과거 당신의 삶에서 강력한 영감이나 소명 의식에 이끌려 뭔가 위대한 것을 만들어내고자 하는 욕구를 느꼈던 때가 있나요? 몇 분간 생각해봅니다. 실제로 그것을 창조했는지 아닌지는 상관없습니다. 단지 그러고 싶은 영감을 느꼈던 순간을 떠올려보세요.

그건 당신이 이 세상에서 경험했던 가장 멋지고 놀라운 느낌이 아니었나요? 사람들 대부분이 그런 신적 영감을 느낍니다. 하지만 그 꿈을 이뤄야 한다는 생각을 시작하자마자 곧바로 그 느낌을 스스로 억눌러버립니다. 우리는 자신을 의심하고, 그 꿈을 이루지 못할 이유를 찾아내고, 그것이 비현실적인 목표라고 스스로 말하고, 더 중요한 일에 집중해야 한다고 본인을 설득하고, 자기에게 그 일을 할 수 있는 능력이 없다고 생각합니다.

우리가 무엇을 창조하고 싶은지 마음속에서 떠오른 생각에 대해 머리로 사고하기 시작하면서, 신적 영감의 근원을 송두리째 막아버리고 일상의 삶으로 돌아가는 겁니다. 우리는 영감의 근원을 차단하면서 동시에 풍요로움, 생동감, 환희, 기쁨, 순수하고 무조건적 사랑 같은 느낌의 근원도 차단합니다. 그리고 의심, 우려, 좌절, 슬픔 같은 감정으로 되돌아가, 우리의 삶이 제한적이고, 갑갑하고, 불만스럽다는 느낌에 빠집니다.

바로 이 순간 우리는 영감이나 절박감 중 하나의 부름만을 받을 뿐입니다. 두 가지 원천이 같은 시간에 공존하지는 못하며, 단지 우리가 얼마나 많은 생각을 하느냐에 따라 둘 사이를 오갈 수는 있습니다.

우리가 사고하기를 멈춘다고 해서 목표나 꿈을 품지 못하는 것은 아닙니다. 오히려 생각을 멈춘 순간 진정한 본성으로 돌아가 절박감이 아닌 영감에서 비롯된 목표와 꿈을 창조하기 시작합니다. 우주에서 내려받은 생각이 우리의 마음에 깃들어 신적 영감을 바탕으로 그동안 세상에 한 번도 존재하지 않았던 뭔가를 창조하는 겁니다. 우리는 신적 영감을 따를 때 생기, 전체성, 기쁨, 사랑, 평화, 그리고 충만함을 느낄 수 있습니다.

그렇다면 당신의 어떤 목표나 꿈이 영감에서 탄생했는지, 아니면 절박감에서 비롯됐는지 어떻게 알 수 있을까요?

당신의 목표나 꿈이 신적 영감에서 탄생했는지 아닌지를 판단할 수 있는 가장 간단한 방법은 앞서 이야기한 생각과 사고의 차이를 기억하는 것입니다. 마음속에서 자연스럽게 떠오른 생각에서 비롯된 목표와 꿈은 곧 영감을 통해 창조된 것입니다. 반면 인위적인 사고의 행위를 거쳐 만들어진 목표와 꿈은 절박감에서 나왔다고 봐도 좋습니다.

우리가 뭔가를 사고할 때는 대체로 분석하고, 판단하고, 비판하고, 합리화하는 과정을 겪습니다. 그리고 자신의 과거를 바탕으로 새로운 목표를 세웁니다. 하지만 이렇게 만들어진 목표는 극도로 한정적이고 제약에 가득한 느낌을 줍니다. 다시 말해 우리가 이런 종류의 목표를 세우고 추구할 때는 대체로 유쾌한 느낌을 받지 못합니다. 그 모두가 절박한 심정에서 탄생했기 때문입니다.

두 가지 형태의 목표를 구분할 수 있는 또 다른 방법은 자신이 이 목표들에 대해 어떤 종류의 에너지를 느끼는지 관찰하는 것입니다.

절박감에서 비롯된 목표나 꿈은 부담스럽고, 진이 빠지고, 제한적이고, 공허한 느낌을 줍니다. 또 그 목표를 반드시 달성해야 한다는 의무감과 더불어 결핍감, 공포, 스트레스 등이 따라옵니다. 그리고 이를 달성하지 못하면 끔찍한 결과가 따를 것만 같은 압박감과 위기감이 동반됩니다.

더구나 우리가 이런 목표를 성취하려고 애쓰는 이유는 현재 상황에서 탈출하거나 어떤 것에서 벗어나기 위해서입니다. 이런 심리적 상태에서 창조된 목표는 십중팔구 수단적 목표입니다. 다시 말해 우리가 그 목표를 세운 이유는 이를 달성한 뒤에 뭔가 다른 일을 할 수 있기 때문입니다.

가령 직장을 그만두겠다는 목표는 회사를 떠나서 자기가 좋아하는 일을 실컷 즐긴다는 또 다른 목표를 달성하기 위한 수단적 목표에 불과합니다. 마찬가지로 우리가 100만 달러를 벌겠다는 목표를 세우는 이유는 경제적 자유를 얻고 세계를 여행하고 싶어서입니다.

이런 목표들은 항상 그 자체가 목적이 아니라 또 다른 목표를 위한 수단적 목표입니다. 다시 말해 그 목표를 달성하기를 원하는 또 다른 이유가 항상 존재하며, 그로 인해 우리는 내적으로 큰 공허감을 느끼는 겁니다.

여기서 한 가지 강조하고 싶은 것이 있습니다. 이런 목표들이 그 자체로 좋거나 나쁜 것은 아니라는 겁니다. 당신이 직장을 그만둔다든지 큰돈을 벌겠다는 목표를 세워서는 안 된다고 말하는 게 결코 아닙니다.

그런 목표가 당신의 영감에서 탄생했다면, 그것은 전혀 다른 이야기입니다. 문제는 목표의 내용이 아니라 목표의 원천입니다. 그 차이를 정확히 구분하는 일은 매우 중요합니다. 그렇지 못하면 당신은 방금 세운 목표가 옳은지 그른지를 따지는 데 많은 시간을 보내며 큰 스트레스를 받게 될 것입니다.

세상에 옳거나 그른 목표는 없으며, 단지 영감에서 탄생한 목표와 절박감에서 비롯된 목표가 있을 뿐입니다. 중요한 것은 당신이 내적으로 무엇을 느끼고 싶은가에 달려 있습니다. 당신이 이 두 가지 목표의 차이점을 깨닫고 이들이 삶에서 어떤 특징을 드러내는지 이해한다면, 더없는 행복감 속에서 삶의 경이로움을 창조하는 여정을 밟을 수 있을 겁니다.

영감에서 창조된(즉 마음속에서 자연스럽게 떠오른 생각에서 비롯된) 목표와 꿈은 홀가분하고, 에너지에 가득하고, 행복하고, 진취적인 느낌을 안겨줍니다. 우리는 이를 통해 가슴 벅차고 기쁨에 넘치는 감정뿐 아니라, 무엇보다 심오한 영감을 느낍니다. 우리는 그 일을 반드시 이뤄야 한다는 의무감에서가 아니라, 순수하게 그것을 원하기 때문에 목표를 세웁니다. 다시 말해 목표를 달성할 필요성보다는 그 일을 해내고자 하는 영감에 이끌리는 겁니다.

게다가 목표를 달성하려는 이유가 어떤 것에서 벗어나거나 현 상황에서 도피하기 위해서가 아니므로 어떤 압박감도 없습니다. 또 결핍의 세계가 아닌 풍요의 세계에서 목표가 창조되기 때문에, 결핍감이나 위기감이 발을 들여놓을 여지도 없습니다. 우리는 그저 세상과 풍요로움을 함께 나누고 싶을 뿐입니다.

또 신적 영감에서 비롯된 목표에는 다른 뭔가를 얻어내거나 별도의 일을 도모하려는 의도가 없습니다. 우리가 세운 목표는 수단이 아니라 그 자체가 목적입니다. 그 목표를 창조하는 '이유' 따위는 없습니다. 우리는 완전함을 느끼기 위해 목표를 세우는 것이 아니라, 이미 완전함을 느끼기 때문에 목표를 창조하며, 그 목표를 통해 뭔가를 얻어내기보다 베풀기를 원합니다.

이제 당신은 이 두 가지 목표가 얼마나 다른지, 그리고 당신이 소유한 목표가 어디에 속하는지 알게 됐으리라 믿습니다. 당신의 목표 대부분이 절박감에서 비롯됐다고 해서 걱정할 필요는 없습니다. 거의 모든 사람이 절박감을 바탕으로 목표를 세우니까요. 나 역시더 나은 방법을 찾아내기 전까지는 당신과 똑같은 처지였습니다.

그렇다면 절박감이 아닌 영감을 통해 목표를 창조하는 방법은 무엇일까요? 신적 영감을 바탕으로 목표를 창조하는 것은 노력한다고 할 수 있는 일이 아닙니다. 우리는 항상 자연스러운 생각과 무한한 영감을 지니고 있습니다.

어린이들을 보세요. 아이들은 날 때부터 자기가 원하는 목표와 꿈에 대한 상상력의 날개를 마음껏 펼칩니다. 아이들의 마음속에는 뭔가가 불가능하다는 생각이 들어설 여지가 없습니다. 어른이 아이들과 유일하게 다른 점은 세상에서 이루고 싶은 꿈, 희망, 목표

Think of the flow of
inspiration to create like a river.

*

창조적 영감의 흐름은
강물의 흐름과 비슷합니다.

가 담긴 생각과 신적 영감을 차단하는 법을 익혔다는 것입니다. 우리의 마음은 어떤 목표를 이루고 싶다는 생각보다는 그 목표를 추구해서는 안 될 이유로 가득합니다.

사람의 내면에는 원래부터 무한한 영감이 흐르고 있습니다. 하지만 우리가 마음속에서 떠오른 생각에 대해 머리를 싸매고 사고하기 시작하는 순간, 신적 영감의 흐름은 멈춰버리고 자기 회의와 자기 파괴, 그리고 끝없는 불안이 시작됩니다. 창조적 영감의 흐름은 강물의 흐름과 비슷합니다. 사람들은 잘 흘러가던 강에 댐을 세워 물의 흐름을 막아버립니다. 우리는 댐이 그곳에 세워졌을 때 왜 물고기가 죽어가고, 동물이 사라지고, 숲이 줄어드는지 의아해합니다. 우리가 해야할 일은 강을 자연적인 상태로 되돌려놓는 것입니다. 그래야만 원래 자연이 의도했던 대로 모든 것이 완벽하게 움직일 수 있습니다.

우리의 마음과 목표 또한 마찬가지입니다. 우리 마음속에는 항상 커다란 꿈과 목표가 있습니다. 우리가 사고의 굴레에서 벗어나 내면의 지혜와 지성을 적절히 활용한다면 그 목표를 어떻게 이루어야 할지 알게 될 겁니다. 다시 말해 신적 영감을 통해 마음속에서 자연스럽게 떠오른 꿈, 목표, 희망에 대해 너무 깊게 생각하지 않는 것이 영감을 바탕으로 목표를 '창조'하는 방법입니다.

내게는 지나친 사고의 행위를 멈춰주고 무한한 창조력과 가능성을 활용하는 데 도움을 주는 질문이 하나 있습니다.

"내가 만일 무한정한 돈을 가졌고, 세계를 모두 여행했으며, 두려워할 일이 없고, 남들에게 인정받지 않아도 상관없다면, 이제는 어떤 일을 할 것이며 무엇을 창조할 것인가?"

우리가 뭔가를 질문할 때마다 항상 그에 대한 대답이 생겨납니다. 사람의 두뇌가 질문을 듣고 대답을 떠올리지 않는 것은 불가능합니다. 따라서 당신이 앞의 질문을 자기 자신에게 던진다면, 절박감이 아니라 신과 영감으로부터 부여받은 대답이 인위적인 사고의 과정 없이 마음속에서 저절로 떠오르게 될 겁니다.

이 질문의 내용은 매우 중요합니다. 당신이 뭔가 이루기를 원할 때, 거기에 동반되는 사고, 두려움, 비판 같은 외부적 요인을 무시하고 오직 당신이 진정으로 원하는 바가 무엇인지에(대개 당신이 뭔가를 창조하고 싶을 때는 그것이 재미있다는 사실 이외에는 다른 이유가 없습니다) 초점을 맞출 수 있기 때문입니다.

당신 자신에게 이 질문을 던지고 내면에서 어떤 대답이 떠오르는지 지켜보세요. 그 순간 마음속에서 솟아오른 생각에 스스로 놀랄 것입니다. 당신의 진정한 꿈이 모습을 드러내기 전까지는 사고의 행위에 사로잡혀서는 안 됩니다.

사고의 한계가 없는 마음에서는 무엇이든 가능합니다.

10

Unconditional
Love & Creation

**무조건적 사랑,
무조건적 창조**

인류가 얻어낼 수 있는 가장 위대한 힘은
조건 없는 사랑에서 나온다.
그 힘은 우리가 한계나 조건 제한 없이
무언가를 사랑할 때 발휘된다.

—토니 그린

무조건적 사랑

내게 조건 없는 사랑을 알게 해준 사람은 나의 연인 마케나입니다. 나는 세상을 살아가면서 모든 것이 궁금했습니다. 사물이 왜 지금처럼 존재하는지 알고 싶었습니다. 이유를 알지 못하면 궁금해서 미칠 지경이었습니다. 물론 세상 만물 뒤에 놓인 의미와 이유를 전부 파악하면서 삶을 경험할 수는 없는 노릇이었습니다.

내가 마케나와 사귀기 시작한 지 1년쯤 되던 어느 날, 다른 연인들이 다 그렇듯 나도 그녀에게 왜 나를 사랑하느냐고 물었습니다. 마케나는 왜 나를 사랑하는지는 잘 모르겠지만, 그저 사랑할 뿐이라고 천진스럽게 대답했습니다. 그러면서 나는 왜 그녀를 사랑하느냐고 되물었습니다. 나는 곧바로 열 가지가 넘는 이유를 댔습니다. 아름다운 미소와 귀여운 웃음, 따뜻한 마음씨, 가족들에 대한 사랑, 지적 능력 등 내가 그녀를 사랑하는 이유는 끝도 없었습니다.

우리는 지금까지 6년 정도 교제를 이어오고 있지만, 나는 마케나에게 처음 그 질문을 한 뒤 몇 달에 한 번씩은 왜 나를 사랑하느냐고 꼭 묻곤 했습니다. 지금까지도 그녀의 대답은 한결같습니다. "잘 모르겠어. 그저 내가 알고 있는 것은 당신을 사랑한다는 것뿐이야. 그것도 아주 많이."

그녀가 왜 나를 사랑하는지 잘 모른다는 사실은 내 마음을 살짝 불편하게 했습니다. 나는 그녀를 사랑하는 이유를 50가지는 댈 수 있었지만, 그녀는 나를 사랑하는 이유를 단 몇 개도 떠올리지 못했기 때문입니다. 우리가 사귀기 시작한 지 꽤 오랜 시간이 흘렀지만 나는 그녀를 줄곧 사랑했습니다. 그리고 그녀가 나를 사랑하지 못하는 이유를 말하지 못한다는 점도 그

다지 문제가 되지는 않았습니다. 나는 그런 사실을 받아들이고 계속 그녀를 사랑했습니다. 사랑하지 않으면 견딜 수가 없었기 때문입니다.

나는 몇 개월 전까지도 그녀가 나를 사랑하는 이유를 왜 말하지 못하는지 도무지 알 수가 없었습니다. 그러던 어느 날, 내가 마케나를 사랑하는 이유를 되짚어보던 도중 삶 전체를 바꿔놓을 깨달음을 얻었습니다.

나는 스스로에게 이렇게 물었습니다. 내가 마케나를 사랑하는 이유는 웃음이 귀엽기 때문이거나 그녀가 다른 사람들을 즐겨 돕기 때문일까? 어느 날 마케나가 웃음을 거두고 다른 사람들을 돕지 않는다면 어떤 일이 생길까? 내가 마케나를 사랑하는 이유라고 생각했던 일을 그녀가 더는 하지 않게 되면, 나도 마케나를 더 이상 사랑하지 않게 되는 걸까?

나는 마케나를 사랑하는 이유를 구구절절 만들어내는 순간 그녀에 대한 나의 사랑은 특정한 성품이나 행동에 따라 조건화될 수밖에 없다는 사실을 깨달았습니다. 그 말은 마케나가 그 조건을 충족하지 않는다

면 내가 그녀를 더 이상 사랑하지 않는다는 말과 같은
뜻입니다. 물론 그것은 사실이 아닙니다.

그 순간 나는 마케나가 나를 사랑하는 이유를 댈
수 없었던 까닭이 나에 대한 사랑이 무조건적이기 때
문이라는 통찰을 얻었습니다. 마케나가 나를 사랑하는
데는 아무런 이유가 없었습니다. 만일 특정한 이유가 있
다면, 내가 그 조건에 부합하거나 그녀의 기대에 따라
행동할 때만 나를 사랑한다는 뜻이기 때문입니다.

나를 향한 마케나의 사랑은 내가 드러내는 기분이
나 한 일에 따라 좌우되지 않습니다. 그녀의 사랑은 모
든 '이유'를 초월해서 존재하며, 사랑을 서로 주고받는
개념과도 아무런 상관이 없습니다. 마케나는 내가 그
녀를 사랑하기 때문에, 또는 내가 그녀를 위해 뭔가를
해주기 때문에 나를 사랑하는 것이 아닙니다. 그녀는
자신 속에서 넘치는 사랑을 경험하고 있으며, 그 풍요
로운 사랑을 내게 조건 없이 쏟아붓고 있는 것입니다.

그것이 어떤 느낌인지, 그리고 그 사랑이 어디에서

오는지를 말로 설명하는 일은 아마 내 삶에서 경험한 것 중에 가장 어려운 작업일 겁니다. 왜냐하면 나는 표현할 수 없는 것을 표현하고 있기 때문입니다.

나는 이런 이해를 바탕으로 내가 마케나를 사랑하는 이유나 조건이 사라져야만 그녀를 향한 사랑이 무조건적일 수밖에 없음을 깨달았습니다(만일 그녀를 사랑하는 이유나 조건을 붙인다면, 그것은 내가 어떤 경우에 그녀를 사랑하지 않는지에 대한 조건을 '자동으로' 붙이는 셈이기도 하기 때문입니다). 내가 마케나를 그토록 사랑하는 이유는 이유나 조건에 상관없이 그녀를 향한 무조건적 사랑이 내 안에 차고 넘침을 경험하기 때문입니다. 이 무조건적 사랑은 외부적인 이유에서 비롯되지 않으며, 우리 모두를 탄생시킨 무한한 근원으로부터 생겨납니다.

모든 사람은 이렇게 순수하고 조건 없는 사랑에 연결되어 있습니다. 사람들은 거기에 '신' 또는 '우주'와 같은 이름을 붙입니다. 그 연결고리를 차단함으로써 무조건적 사랑으로부터 스스로를 분리하고 단절하는 것은 오직 우리의 사고뿐입니다.

무조건적 창조

무조건적 창조는 세상에 존재하는 가장 순수한 형태의 창조입니다. 무조건적 사랑으로부터 뭔가가 창조되면, 사람들은 그 앞에 서서 경외의 눈빛으로 피조물을 바라봅니다. 무조건적 창조는 그 자체로 혁신적이고, 독특하고, 새롭고, 마음을 사로잡고, 대담하고, 이색적이고, 혁명적입니다. 이런 순수한 심리적 공간에서 활동하는 사람은 거의 없습니다. 모든 사람이 자기가 행동하거나 만들어내는 대상에 늘 이유와 조건을 붙이기 때문입니다.

예를 들어 우리가 더 많은 돈을 벌기 위해 애쓴다는 말은 오직 자신을 위해 더 큰 소득을 만들어내려고 노력한다는 뜻입니다. 이는 조건적인 창조입니다. 세상에 돈 자체를 목표로 돈을 버는 사람은 아무도 없습니다. 사람들 대부분은 다른 어떤 활동을 하기 위해, 또는 자기가 원하는 다른 것을 얻기 위해 돈을 벌고 싶어 합니다. 따라서 이런 종류의 창조는 애초에 조건적일 수밖에 없습니다. 그들이 뭔가를 창조하는 이유는 또 다른 뭔가를 얻고 싶기 때문입니다.

이처럼 또 다른 것을 위해 창조의 행위를 하는 사람은 대개 그 과정을 즐기지 못합니다. 그 행위 자체가 목적이 아니라 또 다른 목적을 위한 수단에 불과하기 때문입니다. 우리가 언제나 뭔가를 쫓아다니고, 고되게 일하고, 재촉하고, 시도하면서 끝없는 스트레스와 압박감에 시달리는 이유도 바로 여기에 있습니다. 우리는 막상 목표를 달성한 뒤에도 아주 짧은 시간 동안만 그 사실을 기뻐할 뿐, 곧바로 또 다른 목표를 찾아 나섭니다. 진정으로 원하는 바를 발견하지 못한 탓입니다.

우리가 궁극적으로 원하는 것은 느낌입니다. 사람들이 더 많은 돈을 원하는 이유는 안정감과 평화 같은 느낌을 원하기 때문입니다. 우리가 가족과 함께 시간을 보내는 이유는 그 시간이 우리에게 사랑과 기쁨

What we're ultimately looking for
are feelings.

*
우리가
궁극적으로 원하는 것은
느낌입니다.

의 느낌을 선사하는 데 있습니다. 본인이 좋아하는 일에 매달리는 이유 역시 그 일이 성취감을 제공하기 때문입니다. 우리가 궁극적으로 얻으려 애쓰는 것은 느낌이지만, 사람들은 자기가 세운 목표나 목적이 그런 느낌을 선사한다고 생각합니다. 그것이 애초에 잘못된 믿음일 수밖에 없는 이유는, 사람의 감정이란 외부의 사물이 아닌 내면에서 생성되기 때문입니다. 외부의 사물이 감정을 부추기는 역할을 할 수도 있지만, 자기가 원하는 느낌을 내면으로부터 만들어내는 것은 결국 우리 자신입니다.

역설적인 사실은(우리의 이원적인 삶에서는 모든 게 역설이지만) **우리가 아무런 조건이나 이유 없이 무언가를 창조하는 순간, 그토록 원했던 긍정적 감정을 곧바로 경험한다는 것입니다.**

무조건적 창조는 또 다른 목적이 개입할 여지 없이 단지 자기가 그것을 원한다는 이유로 뭔가를 창조하는 순수한 행위를 말합니다. 돈, 명예, 사랑, 또는 다른 무엇도 목적이 될 수 없으며, 다만 그것을 원하기 때문에 창조하는 겁니다. 이는 풍족함에서 비롯된 창조입니다. 이런 상태에서 뭔가를 창조하는 순간, 우리는 내면적으로 완전한 전체성을 느끼고 모든 사랑의 느낌을 경험합니다.

우리는 사고의 행위가 멈춘 '무념'의 상태에서만 무조건적 창조를 추구할 수 있습니다. 우리의 두뇌는 자기가 원한다는 이유만으로는 뭔가에 매달리는 일이 가치가 없다고 우리를 설득할 테지만, 비밀의 열쇠는 바로 여기에 있습니다. 우리는 다른 이유 없이 순수한 의도로 어떤 일을 실천하는 순간 무조건적 삶의 공간에 한 발을 들여놓게 됩니다. 당신이 심오한 몰입, 완전한 일체감, 그리고 우주 또는 신과의 긴밀한 연결을 경험하는 것이 바로 그때입니다.

11

What Do You Do
Next after Experiencing
Peace, Joy,
Love & Fulfillment
In the Present?

평화와 기쁨,
사랑과 충만함을
경험한 뒤에는
무엇을 해야 하나

생각하지 말라. 모든 것을 복잡하게 만들 뿐이다.

그저 느껴라.

감정의 경로를 따르면

마치 집에 돌아온 듯 편안하게 느껴질 것이다.

—R. M. 드레이크

이 책에서 줄곧 이야기한 원칙을 삶에 적용한 사람들은 이미 무념의 상태를 통해 평화를 찾았을지도 모릅니다. 아직 그렇지 못한 사람들은 모든 부정적 감정이 생각하기에서 비롯됨을 기억해야 합니다. 당신이 해야 할 일은 그저 머릿속에서 생각하기가 시작됐다는 사실을 알아차리는 것뿐입니다. 그러면 더러운 물에서 오물이 가라앉듯 사고의 행위도 저절로 멈추게 됩니다. 모든 것은 사고의 결과일 뿐이며 걱정할 일은 아무것도 없다는 사실을 확인하는 순간, 당신은 바로 지금 존재하는 삶의 진정한 평화를 경험하게 될 것입니다.

당신이 일단 평화를 경험했다면, 다음 단계로 이제

삶에서 무슨 일을 해야 할지 잘 모를 수 있습니다. 그리고 그로 인해 우려, 불안, 의구심 같은 느낌에 빠질지도 모릅니다. 나를 포함한 많은 사람은 그 시점에 도달했을 때 이제 세상에서 뭔가를 이루는 데 필요한 경쟁력이나 동력을 잃게 되는 것이 아닌지 염려하기 시작했습니다. **하지만 걱정할 필요는 없습니다. 그 모두가 깨달음에 도달하는 길에서 거쳐야 하는 정상적인 과정입니다.**

당신은 이미 가장 어려운 관문을 통과했습니다. 생각하기를 멈추는 연습, 즉 부정적 사고가 당신의 삶을 통제하지 못하도록 방지하는 연습을 마친 것입니다.

우리가 평화를 경험한 뒤에도 우려, 불안, 의구심 같은 감정을 느끼는 이유는 그동안 이 세상에 대해 알고 있다고 생각한 모든 것을 송두리째 내려놓았기 때문입니다. 그러나 그것은 본인의 개인적 에고가 사라진 데 불과합니다. 개인적 에고는 자신의 존재에 위협을 느끼면 무슨 수를 써서라도 삶에 대한 통제력을 되찾으려고 애씁니다.

그러나 에고는 이 세상에서 영원히 없애버릴 수 있는 대상이 아닙니다. 그러므로 우리는 평화를 경험한 뒤에도 어쩔 수 없이 의구심, 우려, 불안 같은 감정을 느낍니다. 자신의 에고(사고, 생각하기)가 되돌아와 왕좌를 탈환하려고 시도하는 것이 바로 그 순간입니다.

이 또한 걱정할 필요는 없습니다. 당신은 부정적 감정의 유일한 근원이 사고라는 사실을 기억함으로써 에고를 빠르게 해체하는 법을 이미 배웠습니다. 중요한 것은 사고가 마음속으로 들어오지 못하도록 막으려고 애쓰는 것이 아닙니다. 그것이 마음을 차지하는 시간을 줄이는 겁니다. 사고의 행위가 아예 발생하지 못하도록 예방하는 일은 불가능합니다. 생각하는 일은 사람의 천성이니까요.

예를 들어 당신이 길을 걷다 갑자기 뱀을 밟았다면, 아마 소스라치게 놀랄 겁니다. 그것이 인간의 본능입니다. 하지만 그 물체가 한 가닥의 노끈이라는 사실을 알게 되면, 당신은 뱀이 환상에 불과하며 단지 사고의 과정이 공포를 불러왔음을 깨닫고는 그 뒤부터는 평온하게 산책을 계속할 것입니다. 우리는 뱀을 보고 깜짝 놀라는 최초의 반응을 통제할 수 없지만, 언제든 진리를 기억하고 평화로운 본원적 상태로 되돌아갈 수 있습니다. 그것이 가장 중요합니다.

우리가 평화를 경험한 뒤에도 불안감, 우려, 의구심 등을 느끼는 또 다른 이유는 그동안 사고의 행위에 많은 에너지를 사용했기 때문입니다. 사람들 대부분은 하루의 거의 전부를 스트레스(생각하기)의 상태에서 보냅니다. 여기에는 엄청난 양의 에너지가 소비됩니다.

당신이 사고를 멈추면 과거에 머리를 싸매고 생각하는 데 사용되던 에너지는 '자유로운' 상태가 되지만, 그렇다고 해서 그 에너지가 곧바로 다른 용도로 전환되는 것은 아닙니다. 사실 사람들은 그 에너지를 다시 사고에 쏟아붓는 예전의 습관으로 돌아가려는 경향이 있습니다. 그 이유는 우리가 애초에 그런 식으로 조건화되어 있기 때문입니다.

이 경우 우리가 할 수 있는 일은 새롭게 발견한 에너지를 신적 영감에서 창조된 목표로 돌리는 겁니다. 그것만이 이 에너지가 과도한 사고의 행위에 다시 투입될 여지를 줄이는 치유책이자 방지책입니다.

그러기 위해서는 적정한 시간을 투자해서 절박감이 아닌 신적 영감을 바탕으로 목표를 창조하고, 이를 항상 기억하면서 남는 에너지를 그 목표를 달성하는 데 사용해야 합니다. 당신의 마음이 절박감에서 나온 목표로 가득하다면, 여기에 에너지를 쏟는 일은 사고의 행위와 부정적 감정을 지속시킬 뿐입니다.

이 단계에서 당신에게 유용한 방법 중 하나가 '활성화 의식(activation ritual)'을 수행하는 겁니다. 이는 당신을 무념 또는 몰입의 상태로 이끄는 데 도움이 되는 아침 일과를 의미합니다. 당신이 잠에서 깨자마자 활성화 의식을 실천하면 자기 자신을 긍정적인 방향으로 인도하는 모멘텀을 쌓을 수 있고, 그로 인해 하루의 남은 시간을 무념의 상태에서 보내기가 수월해집니다. 한 번 움직이기 시작한 물체는 계속해서 움직이기 마

What we can do is to channel the
newfound energy into our goals of
inspiration.

*
우리가 할 수 있는 일은
새롭게 발견한 에너지를
신적 영감에서 창조된 목표로
돌리는 것입니다.

련입니다. 예전에 나는 영적 스승이나 위대한 지도자들이 왜 그토록 아침 일과를 중시하는지 깨닫지 못했지만, 무념과 모멘텀의 힘을 이해한 뒤에는 그 까닭을 알게 됐습니다.

당신에게는 참으로 좋은 소식입니다. 당신의 에너지가 온통 사고의 행위에 사용되던 시간은 지났으므로, 이제 당신은 이 자유로운 에너지를 신적 영감에서 창조된 목표를 이뤄가는 데 돌리고 이를 바탕으로 평화, 기쁨, 사랑으로 가득한 새로운 삶에 연료와 활력을 공급할 수 있게 된 겁니다.

12

Nothing Is Either

Good or Bad

**좋은 것도
나쁜 것도 없다**

좋고 나쁜 것은 없다.

단지 생각이 그렇게 만들 뿐이다.

─윌리엄 셰익스피어

세상에 좋고 나쁜 것은 없습니다. 당신이 이 명제를 이해하는 데 도움을 주기 위해 한 가지 비유를 들어보겠습니다. 피아노에는 88개의 건반이 있습니다. 우리는 피아노 앞에 서서 특정한 건반을 가리키며 아무런 이유 없이 그 건반이 "잘못됐다"라고 말하지 않습니다. 단지 누군가 그 피아노로 노래를 연주할 때 악보에 맞지 않은 건반을 눌렀다고 생각하면 그 건반이 '잘못됐다'라고 표현하는 겁니다.

  다시 말해 피아노에서 본질적으로 잘못된 건반은 없습니다. 당신이 그 건반을 연속으로 누르면서 연주할 때 듣기에 좀 더 좋거나 그렇지 않은 음을 내는 건반이 있을 뿐입니다.

피아노에 잘못된 건반이 없듯이, 우리의 삶에서도 '잘못된' 결정은 없습니다. 단지 즐겁거나 즐겁지 못한 감정을 안겨주는 사고의 행위가 있을 뿐입니다. 우리가 모든 일을 옳고 그름, 또는 좋고 나쁨의 잣대로 바라보면 삶이 이원화 내지 조건화되고, 그로 인해 우리가 겪는 느낌이 좌우됩니다.

예를 들어 우리가 상대편 정당(政黨)을 근본적으로 잘못되거나 나쁜 집단으로 바라보는 순간, 우리의 내면에서는 그들을 향한 격렬한 적대감이 생겨나고 그로 인해 온갖 부정적 감정이 만들어집니다.

반면 우리가 피아노의 건반들을 바라보듯 상대편을 바라보고 원래부터 '잘못된' 정당은 없다는 사실을 받아들인다면 마음의 문을 활짝 열고 사랑과 기쁨, 그리고 평화를 경험할 수 있습니다. 상대편 정당을 통해 과거에 경험하지 못했던 대안적 관점을 발견하고 삶의 참된 본질을 더 깊이 이해할 기회를 얻게 되는 겁니다.

이는 우리가 산을 오르다가 아름다운 경치를 감상

하기 위해 어느 곳에 멈춰서는 일과 비슷합니다. 산길을 걷는 도중 멈춰서서 자연의 장엄한 경관을 눈에 담는 데 '잘못된' 장소는 없습니다. 우리가 산이 바라다보이는 모든 장소를 열린 마음으로 받아들인다면, 과거에 경험하지 못했던 다양한 곳에서 아름다운 경치를 즐길 수 있을 겁니다.

우리는 옳고 그른 것과 좋고 나쁜 것을 찾는 대신 삶의 진리를 구해야 합니다. 내가 옳고 너는 틀렸다, 또는 내가 좋고 너는 나쁘다는 식으로 매사를 바라보는 대신 눈앞에 놓인 진리를 발견해야 합니다. 주의해야 할 점은 많은 사람이 자기가 생각하는 것을 진리라고 믿는다는 겁니다. 우리가 삶에 대한 깊은 이해 없이 머리로 생각하는 것은 겉으로 보기에 아무리 그럴듯해도 대부분 진리가 아닙니다.

진정한 진리는 주관적이지 않습니다. 특정인에게만 '참'이고 다른 사람에게는 그렇지 않은 것을 보편적 진리라고 할 수는 없습니다. 어떤 사람이든, 어디에서 왔든, 배경이 어떻든 지구상에 존재하는 모든 사람에게 보편적으로 받아들여질 진리를 찾아야 합니다. 바로 그것이 참된 진리이며, 당신이 찾아 헤매는 모든 것의 열쇠이기도 합니다. 기억해야 할 점은 진리를 발견할 수 있는 유일한 장소는 당신이라는 존재의 깊은 내면 뿐이라는 사실입니다. 바깥에서 진리를 구해서는 안 됩니다.

당신에게 부정적 감정을 불러일으키는 뭔가를 마주 쳤다면, 내면으로 들어가 영혼 깊숙한 곳에서 보편적 진리를 찾아야 합니다. 그렇지 않고 밖에서 진리를 찾아 헤매거나, 특정한 감정의 근원을 발견하기 위해 외부적 요인을 파고든다면 영원한 시간이 흘러도 결코 진리를 발견하지 못할 겁니다.

부정적 감정은 '오해'의 신호입니다. 우리가 부정적 감정에 사로잡혀 있다는 말은 자신이 생각한 것을 사실이라고 착각하고 있다는 뜻입니다. 즉 삶의 경험이 어디에서 오는지 잊어버리고 사고의 행위가 모든 부정적 감정의 근원이라는 사실을 기억하지 못하는 겁

Instead of looking for right or
wrong, good or bad in the world,
look for truth.

*

우리는 옳고 그른 것과
좋고 나쁜 것을 찾는 대신
삶의 진리를 구해야 합니다.

니다.

따라서 당신이 해야 할 일은 생각하기가 모든 느낌의 근원임을 기억하는 것뿐입니다. 그것을 알게 됐으니, 이제는 더 이상 생각하는 일과 싸우지 말아야 합니다. 당신에게 나쁜 느낌을 안겨주는 것은 생각하기라는 사실을 알아차리고 이를 사랑의 마음으로 환영한다면, 그것은 눈앞에서 서서히 사라질 겁니다. 당신은 오래지 않아 평화와 사랑과 기쁨이 넘치는 자연적 상태로 돌아갈 수 있습니다.

13

How Do You Know
What to Do without
Thinking?

**생각하기를 멈추면
무엇을 해야 할지를
어떻게 알 수 있을까**

직관적인 마음은 신성한 선물이고,

합리적인 마음은 충직한 하인이다.

우리는 오직 하인만 존경하고

신의 선물은 잊어버리는 사회를 창조했다.

—알베르트 아인슈타인

우리는 앞 장에서 이 세상에 좋고 나쁜 것은 없다고 이야기했습니다. 이 장에서는 그 주제에 대한 이해도를 좀 더 높여 사고의 행위 없이도 할 수 있는 일을 알아내는 방법을 살펴보려 합니다.

피아노에 옳고 그른 건반이 없듯이 우리가 내리는 의사결정에도 옳고 그른 것은 없습니다. 단지 상황에 따라 조금 더 쾌적한 경험을 제공하는 결정이나 건반이 있을 뿐입니다. 이처럼 세상에 옳고 그른 것은 없다는 사실을 이해하면 늘 '옳은 것을 골라야 하는' 압박감에서도 벗어날 수 있습니다.

우리는 무념의 상태에 기대어 의사결정을 내려야 합

니다. 그렇지 않고 뭔가를 생각하고 분석하는 데 마냥 시간을 보내고, 장단점을 일일이 따지고, 모든 사람(심지어 애완동물까지)에게 조언을 구한다면, 의사결정이 나기까지 큰 불안과 좌절을 겪게 됩니다.

사람들 대부분은 어떤 상황이 닥쳤을 때 무엇을 해야 할지 이미 속으로 알고 있습니다. 우리는 그것을 육감이나 직관, 또는 내면적 지혜라고 부릅니다. 하지만 우리는 자기의 내적 직관이 옳은지 여부를 바깥 세계에서 확인받으려 합니다. 바로 그 순간 온갖 부정적 감정이 떠오르기 시작하고. 수많은 사람의 엇갈린 견해로 인해 마음이 황폐해집니다.

무엇을 하고 싶은지 아는 사람은 오직 자신뿐입니다. 아무도 당신에게 그 얘기를 해줄 수 없습니다. 올바른 방향을 선택하도록 돕는 멘토나 코치들도 있지만, 최고의 코치들이라면 직관의 소리에 귀를 기울이고 내면에서 답을 찾으라고(즉 진리는 당신의 내면에 존재한다고) 말할 겁니다. 많은 사람이 본인이 내린 선택을 후회하는 이유는, 무엇을 해야 할지 내면 깊숙한 곳에서 알고 있었음에도 이를 무시하고 다른 사람들의 조언이나 의견에만 귀를 기울였기 때문입니다.

당신의 직관은 어느 순간 어디로 가서 무엇을 해야 할지를 안내합니다. 마치 내면에 장착된 GPS처럼 어느 길을 택해야 하고, 장애물이 있으면 어디로 돌아가라고 알려주는 겁니다. 이 GPS가 당신이 가고 싶어 하는 길을 정확히 안내해주는 것은 분명하지만, 그곳에 도달하는 데 필요한 방법이나 경로를 꼭 집어 말해주지는 않을지 모릅니다. 목적지로 향하는 여정에서 벌어질 수 있는 일은 너무도 무궁무진하기 때문입니다. 하지만 당신의 GPS가 본인을 반드시 목적지에 데려다주리라는 사실만큼은 확신해도 좋습니다.

꼭 기억해야 할 중요한 사실

누구나 인정하는 보편적인 사실이 아니라면, 사회는 우리의 직관이 옳은지를 대신 확인해주지 않습니다. 따라서 당신이 이미 진리임을 알고 있는 무언가에 대해 외부 사람들에게 확인을 구한다면 수많은 반발과

You can rest assured your GPS will
get you to the destination.

*

당신의 GPS가 당신을 반드시
목적지에 데려다주리라는
사실만큼은 확신해도
좋습니다.

제각각의 견해에 맞닥뜨리게 될 겁니다.

따라서 우리는 바깥에서 삶의 해답을 구하는 일을 피해야 합니다. 대신 자신의 직관과 본능, 내적 지혜를 따르고 우주와 신의 속삭임에 귀를 기울인다면, 기대하지도 꿈꾸지도 못했던 놀라운 기적이 삶에서 펼쳐지는 모습을 보게 될 것입니다. 오직 그럴 수 있는 믿음과 용기를 지닌 사람들만이 삶의 기적을 즐기고 진정한 기쁨과 평화, 사랑을 발견합니다.

그럼 생각하기를 멈춘다면 무슨 일을 해야 할지를 어떻게 알 수 있을까요?

사실 사람들 대부분은 자기가 무엇을 해야 할지 이미 알고 있습니다. 다만 그 일을 두려워할 뿐입니다. 가령 몸무게를 줄이고 싶어 하는 사람은 그 목표를 달성하기 위해 무엇이 필요한지 정확히 압니다. 살을 빼는 데 필요한 공식이 로켓 공학처럼 복잡하거나 상형문자처럼 난해하지는 않으니까요. 사람들은 먹는 것보다 더 많은 열량을 소비하고, 규칙적으로 운동하고, 건강한 음식을 먹어야만 체중을 줄일 수 있다는 사실을 알고 있습니다.

어떤 일이 됐든 당신은 삶에서 무엇을 해야 할지 마음속 깊은 곳에서 잘 알고 있습니다. 단지 그 일을 하려고 나서기를 두려워하거나 자기가 그 일을 해낼 수 있다는 것을 믿지 못할 뿐입니다.

그러므로 첫 번째 단계는 당신이 어떤 일을 해야 할지 스스로 알고 있으며, 단지 두려움이나 자기 회의로 인해 모른다고 생각할 뿐임을 깨닫는 겁니다. 만일 당신이 현재 상황에 대해 아무런 두려움이나 자기 회의가 없는데도 여전히 무엇을 해야 할지 알지 못한다면, 다음 단계는 당신의 내면에 깃든 무한한 지혜가 필요한 대답을 들려줄 것을 믿는 것입니다.

우리에게는 헤아릴 수 없을 만큼 무한한 생각에 접근할 능력이 있습니다. 따라서 당신이 특정한 순간에 해야 할 일에 대해 아이디어가 부족할 일은 없습니다. 이런 풍부한 지혜에서 우리를 차단하는 유일한 장애물이 바로 인위적인 사고 행위입니다.

헨리 포드는 이렇게 말한 적이 있습니다. "당신이 어떤 일을 할 수 있다고 생각하든, 할 수 없다고 생각하든, 무조건 당신이 옳다."* 우리가 삶에서 어떤 일이 불가능하다고 생각한다면 자신을 무한한 가능성에서 곧바로 차단하게 됩니다. 하지만 우리가 마음의 브레이크를 풀고 자신의 발걸음을 가로막는 것이 오직 사고의 행위라는 사실을 깨닫는다면, 넘치는 풍요로움과 무한한 가능성으로 가득한 본연의 상태로 돌아감으로써 자신에게 필요한 어떤 대답이라도 얻어낼 수 있는 겁니다.

요컨대 당신이 이미 답을 알고 있음을 깨달아야 합니다. 아직 답을 얻지 못했다면 그 답을 언제라도 얻을 수 있다는 사실을 알아야 합니다.

당신이 알아야 할 답을 언제라도 얻을 수 있다는 사실을 스스로 알고 있다면, 그 답은 언제라도 주어질 겁

* 무엇이든 당사자가 생각한 대로 이루어질 것이라는 의미

니다. 당신의 직관과 내적 지혜를 믿어야 합니다. 당신이 찾는 답은 항상 그곳에 있었으며, 당신이 그 사실을 믿는 한 앞으로도 늘 그곳에 있을 겁니다.

14

How to Follow
Your Intuition

**직관을
따르는 법**

용기를 내어 당신의 마음과 직관을 따르라.

그것들은 당신이 무엇을 원하는지 이미 알고 있다.

다른 모든 것은 부차적인 요소일 뿐이다.

—스티브 잡스

앞 장에서는 우리가 이 세상에서 번성하며 살아가기 위해서는 사고의 행위가 필요치 않으며, 오히려 생각하기를 그치는 것이 더 나은 삶을 살아가는 방법이라고 이야기했습니다. 몰입의 상태는 순수한 전체성의 상태이자 주위의 모든 것에 직접적으로 연결되는 상태입니다. 우리가 그 상태에 돌입하면 무엇과도 단절되지 않습니다. 다시 말해 신/우주/무한한 지혜와 곧바로 연결되고 맺어지게 되는 겁니다.

하지만 우리는 인위적인 사고의 행위를 시작하면서 신과의 연결을 단절하고, 스트레스, 좌절, 분노, 원망, 우울함 등 수많은 사람이 매일같이 느끼는 온갖 부정적 감정을 경험합니다. 일부 종교에서 지옥을 신과의 완전한 단절로 정의하는 이유도 그 때문입니다.

이제부터는 언어를 단순화하기 위해 '몰입(flow)'이라는 단어 대신 '무념(Non-thinking)'이라는 말을 사용하겠습니다. 이 책에서는 그 두 단어가 같은 뜻으로 쓰입니다. 무념의 상태 역시 무한한 지혜와의 직접적인 연결을 의미합니다.

많은 사람이 자기가 좋아하는 특정한 활동을 할 때에만 무념 또는 몰입의 상태에 빠질 수 있다고 생각합니다. 하지만 그것은 사실이 아닙니다. 우리는 언제라도 무념의 상태로 들어설 수 있습니다. 우리가 진정한 무념의 상태에 놓일 수 있는 유일한 순간은 바로 지금입니다. 다시 말해 우리는 오직 이 순간에만 실제를 바라볼 수 있는 겁니다. 우리가 머리를 싸매고 뭔가를 열심히 생각한다는 말은 존재하지도 않는 과거나 미래에 사로잡혀 있다는 뜻입니다.

우리는 바로 이 순간에만 진리를 발견할 수 있습니다. 모든 영적 스승과 지도자가 명상과 기도를 통해 오직 현재에만 존재하라고 가르치는 이유도 바로 여기에 있습니다. 성경에서 모세가 신의 이름을 묻자, 신은 "나는 스스로 있는 존재다(I am)"라고 대답합니다. 신은 자신이 과거에 존재했거나 앞으로 존재하게 될 것이라고 말하지 않고(왜냐하면 과거나 미래는 존재하지 않기 때문입니다), "나는 지금 있다"라고 간단히 말했습니다. 신, 진리, 우주, 자유, 평화, 기쁨, 사랑(이들은 모두 동의어입니다) 등은 바로 이 순간에만 발견하고 경험할 수 있습니다.

당신이 본인의 직관을 따른다는 말은, 자신의 내적 지혜가 삶에서 일상적으로 일어나는 모든 일을 잘 헤쳐 나가도록 인도하리라고 믿는다는 뜻입니다. 바로 이것이 무념 또는 몰입의 상태입니다.

그렇다면 이 개념을 우리의 일상적 삶에 적용할 실용적 방법을 탐구해봅시다. 자신의 직관과 내적인 지혜를 따르면 어떤 일이 생길까요? 그리고 어떻게 하면 그런 상태에 도달할 수 있을까요?

당신이 직관을 따르면 한 명의 개인보다 훨씬 위대한 존재의 힘을 이용할 수 있습니다. 당신은 무념(몰입)의 상태에서 신과 직접 연결됩니다. 이 상태에서는 인위적인 사고의 행위 없이도 무엇을 해야 하는지 저절로 알게 됨으로써 늘 무한한 지혜의 인도를 받게 되는 겁니다. '그 지점'에 도달한 사람은 개인이라는 느낌을 잃어버린 채 삶과 온전히 하나가 됨으로써 마치 자기가 아무런 일도 하지 않는 듯한 느낌을 받습니다.

우리가 이 상태에 들어서면 사업이 갑자기 성공하고, 알맞은 시간과 장소에 원하는 인력이 나타나고, 꼭 필요할 때 돈이 들어오고, 인간관계가 저절로 이루어지는 등 삶이 마법처럼 펼쳐지는 것을 경험하게 됩니다. 시간은 우리 주위를 마구 휘어지고 굽이쳐 지나갑니다. 시간에 대한 감각이 사라졌기 때문입니다. 때로는 다른 사람이 한 달에 할 일을 며칠 만에 해내기도 합니다. 이 상태에서는 풍부한 사랑, 기쁨, 평화, 조화, 감사 같은 느낌을 경험할 수 있습니다.

누구나 삶을 살아가며 이런 느낌을 경험한 적이 있

You're in a state of non-thinking
and direct connection with God.

*

당신은 무념의 상태에서
신과 직접 연결됩니다.

을 겁니다. 그러나 수많은 사람이 이런 현상을 겪지만, 그 경험을 오래 유지하는 이는 드뭅니다. 그 이유는 그들 대부분이 다시 사고의 행위에 빠지면서 자기 스스로 뭔가를 '알아내야' 한다고 믿기 때문입니다. 우리는 생각하기 시작하면서 마법의 창조력을 잃어버립니다.

진실을 말하자면, 우리는 모든 것을 알아낼 필요도 없고 그럴 수도 없습니다. 우리의 제한적인 마음으로 어떻게 온 세상을 자기 입맛에 맞게 이해하고 조종할 수 있을까요?

우리는 신보다 더 많은 것을 안다고 착각하면서 문제에 빠집니다.

너무나 좋은 소식은 우리가 신보다 더 많이 알 필요도 없고, 심지어 뭔가를 생각할 필요조차 없다는 겁니다. 우리가 해야 할 일은 자신의 직관을 믿고 내면적 지혜가 최선의 길을 제시하리라는 신념을 품는 것뿐입니다. 우리가 주위에서 가장 풍요롭고, 기쁘고, 성공적인 사람에게 어떻게 그런 성과를 거두었느냐고 물으면, 그들은 대개 눈에 보이지 않는 커다란 힘이나 행운을 이야기합니다. 자신보다 위대한 무언가를 믿기 때문에, 개인적인 의지나 노력이 아니라 그 위대한 힘 덕분에 성공했다고 말하는 겁니다.

우리의 삶에서 본인의 통제 범위를 벗어난 것은 무수히 많습니다. 바꿔 말하면 우리가 진정으로 통제할 수 있는 대상은 극히 소수에 불과합니다. 그러나 우리가 삶을 통제하지 못한다고 해서 삶을 포기해야 한다는 말은 아닙니다. 사실은 그 반대입니다. 우리가 모든 것을 통제하거나 자기 입맛대로 좌지우지할 필요가 없다는 사실을 깨닫는 순간 괴로움, 고통, 좌절에서 벗어나 무념의 상태에 처할 수 있습니다.

그곳에서는 세상일이 우리에게 일방적으로 벌어지는 것이 아니라, 모든 것이 '우리를 위해' 일어납니다. 우리는 세상 만물이 삶의 적절한 위치에 자리 잡음으로써 현재의 우리를 만들었다는 사실을 깨닫기 시작합니다. 만일 그중의 하나라도 달라졌다면, 우리는 지금의 모습으로 존재하지 않을 겁니다. 수백만 가지의 사소한 사건과 상황이 미세하게 조화를 이루어 우리를 지금 이 자리에 있게 했습니다. 그것을 일부러 계획하는 것은 불가능하고 헛된 일입니다. 하지만 우리는 어쨌든 지금 여기에 있습니다. 그것이 바로 삶의 기적입니다.

우리가 삶에서 벌어지는 일을 통제할 필요가 없다는 대목으로 돌아가봅시다. 여기서 강조하고 싶은 말은 우리가 삶의 모든 일을 통제할 수는 없어도 사고(모든 부정적 감정의 근원)를 통제할 수는 있다는 것입니다.

우리는 어느 순간이든 삶의 경험을 바꿀 수 있고 무엇을 느낄지 결정할 수 있습니다. 우리가 사고라는 행위를 내려놓는 길을 선택하면서 행복을 선택할 수 있는 이유도 바로 그런 이치입니다. 우리가 궁극적으로 원하는 것은 결국 느낌 아닐까요? 성공, 기쁨, 성취감의 진정한 척도는 우리가 얼마나 많이 가졌는지가 아니라 내면적으로 어떤 감정을 느끼는지에 달린 겁니다.

여기서 또 한 가지 지적하고 싶은 점은, 우리가 삶에서 통제할 수 있는 것은 그리 많지 않지만 무엇을 원하는지는(비록 그것을 얻을 방법은 모른다 해도) 얼마든지 말할 수 있다는 것입니다. 예컨대 우리에게는 상상력이라는 선물(즉 무한한 지혜에 접근할 수 있는 능력)이 주어져 있습니다. 그 말은 우리가 삶에서 원하는 것은 무엇이든 마음속에 자유롭게 떠올릴 능력이 있다는 뜻입니다. 이것은 참으로 놀라운 축복입니다.

하지만 우리가 어떻게 해야 그것을 얻어낼 수 있을지 열심히 생각하는 순간 모든 일이 틀어지기 시작합니다. 이때를 기점으로 사람들 대부분은 꿈을 포기하든지, 아니면 이를 현실화하기 위해 매일같이 엄청난 노력을 쏟아붓습니다. 우리는 삶에서 원하는 것을 얻기 위해서는 힘들여 일하고 고생을 감수해야 한다고 생각하지만, 그건 사실이 아닙니다.

우리가 해야 할 일은 자신이 원하는 바가 무엇인지

마음속에 떠올리는 것이지, 그것을 얻어낼 방도를 궁리하는 것이 아닙니다. 그 목표를 성취하는 방법은 진정으로 신에게 달려 있습니다. 신에게 전부를 의탁하는 방법이 최상의 시나리오인 이유는, 삶에서 원하는 바를 성취할 길이 무한하게 많기 때문입니다. 우리의 작고 제한적인 두뇌로 그 모든 방안을 헤아리려고 노력하는 일은 헛됩니다.

우리는 모든 것을 파악하려고 애쓸수록 괴로움에 빠질 뿐입니다. 그럴 필요가 없습니다. 우리의 직관과 내적 지혜에 모든 일을 온전히 맡기는 순간, 자신이 원하는 바를 달성하기 위해서는 무엇이 필요한지 실시간으로 정확히 알게 됩니다. 모든 것을 미리 알아내려고 애쓸 필요는 없습니다. **우리가 해야 할 일은 자신이 원하는 바를 마음속에 담고 무념의 상태에 머무는 것입니다. 그러면 무한한 지혜(신)가 필요할 때마다 답을 제시해줄 겁니다.**

우리가 걷기 시작하는 순간 앞으로 가야 할 길이 드

러납니다. 길에 나서기도 전에 여행의 전체 경로가 송두리째 모습을 드러내는 일은 없습니다. 그것은 믿음에 대한 필요성과 전적으로 배치되는 개념입니다. 우리가 세상에서 원하는 바를 펼칠 때 가장 중요한 것은 바로 믿음과 신뢰입니다.

우리는 자신의 꿈이 꼭 이루어질 것이라는 완전하고 확고한 믿음을 품어야 하며, 우주가 모든 것을 오케스트라처럼 조율해냄으로써 그 과정을 전적으로 주관할 거라는 사실을 믿어야 합니다. 우리는 삶에서 원하는 것을 항상 얻을 수 있습니다. 단지 그것을 얻어내는 방법이나 시간이 당신의 계산과 다를 뿐입니다.

우리의 직관과 내적 지혜(신)는 항상 우리에게 말을 겁니다. 당신은 뭔가를 해야 한다고 귀에다 속삭이던 그 작은 목소리를 기억하나요? 가령 직장을 그만둘 때가 됐다든가, 당신에게 상처 준 사람을 용서하라든가, 누군가에게 데이트를 신청하라든가, 친구에게 다시 연락해보라는 조언을 들려주었을 수 있습니다.

당신에게 어떤 일을 해야 한다고 알려주는 것은 바

로 그 직감입니다. 당신은 직감이 들려주는 말을 따르지 않아 후회해본 적은 없나요? 또는 직감이 뭔가를 시도하라고 말했을 때 논리적으로는 맞지 않았어도 그 조언을 따른 덕분에 놀라운 일이 벌어진 적은 없나요? **그것이 바로 직관의 목소리입니다.**

우리의 직관은 '생각'의 형태로 다가옵니다. 하지만 앞에서도 말했다시피 '생각'과 '사고'는 완전히 다르다는 사실을 기억해야 합니다. 생각은 본질적으로 신에게서 오는 것이므로 마음속에서 갑자기 솟아오르는 듯이 느껴집니다. 반면 사고는 우리가 쏟아붓는 인위적이고 힘겨운 노력이며, 그로 인해 항상 부담스러운 느낌을 주고 부정적 감정을 불러옵니다.

무한한 지혜에서 오는 신적 생각에는 모든 것을 꿰뚫어 보는 느낌이 동반됩니다. 생각에는 진리가 담겨 있으며, 당신은 그것이 옳다는 사실을 마음속 깊은 곳에서 알고 있습니다. 사람의 직관은 결코 논리적이거나 합리적으로 보이지 않지만, 오히려 우리에게는 그

점이 바람직합니다.

우리는 직관을 예측하지 않습니다. 직관을 예측하는 일이 가능하다면, 그것은 더 이상 기적이 아닐 것이며 우주의 무한한 가능성을 품지도 못할 겁니다. 우주에서는 모든 일이 저절로 일어납니다.

당신의 직관은 논리적이고 합리적인 마음을 종종 거스르기 때문에 늘 여기에 대비해야 합니다. 예를 들어 커피숍에 앉아 있는 낯선 사람에게 말을 걸게 해서 아름다운 인연을 맺어준다든지, 어려움 속에서 누군가를 절실하게 필요로 하는 친구에게 문득 전화를 걸고 싶은 마음이 생기게 하는 것도 다 직관이 하는 일입니다.

직관은 당신에게 주어진 신의 선물을 십분 활용해서 자기가 깨달은 진리를 다른 사람들과 나누라고 말합니다. 그리고 남들의 말을 무작정 따르기보다 본인이 삶에서 진정으로 원하는 바를 추구할 것을 권합니다. 여기에서 예를 든 것은 직관이 들려주는 수많은 이야기 중 일부에 불과합니다. 하지만 당신이 그 이야기를 따른다면 상상을 뛰어넘는 기적과 풍요로움을 경험하게 될 것입니다.

직관은 우리가 무엇을 해야 할지 정확히 알고 있으며, 직관을 따랐을 때 기적과 풍요로움이 창조된다면, 왜 더 많은 사람이 직관의 속삭임에 귀를 기울이지 않을까요? 그것은 바로 두려움 때문입니다.

직관이 들려주는 말을 귀담아듣는 것은 두렵고 힘든 일입니다. 그 이유는 직관이 미지(未知)의 세계에 존재하기 때문입니다. 다시 말해 우리의 직관은 무한한 가능성의 땅에서 이루어지는 영적 작용입니다. 그리고 그곳은 본질적으로 미지의 영역입니다. 우리는 인간으로서 늘 미지의 것을 두려워합니다. 앞으로 어떤 일이 벌어질지 내다볼 수 없다는 이유에서입니다. 하지만 우리가 삶의 무한한 가능성을 경험하기 시작하는 것은 미지의 세계에 한 발을 들여놓은 다음부터입니다. 직관을 믿는 사람에게 마법 같은 사건과 놀라운 기적이 벌어지는 이유는 바로 이 때문입니다. 우리는 말 그

Our job is to come up with
what we want, not how to get it.

*

우리가 할 일은 원하는 바가
무엇인지 떠올리는 것이지,
그것을 얻어낼 방법을
궁리하는 것이 아닙니다.

대로 순수한 가능성의 세계에 발을 내딛고 있는 겁니다. 또 그것은 우리가 '무엇을' 원하는지 알 필요만 있을 뿐, 그것을 '어떻게' 얻어낼지는 알 필요가 없는 이유이기도 합니다.

이런 기적이 벌어지는 곳으로 들어설 수 있는 유일한 방법은 바로 무념의 상태에 놓이는 겁니다. 우리는 뭔가를 생각하기 시작하는 순간 곧바로 이 공간에서 추방되어 불안, 우려, 괴로움의 상태에 빠집니다. 우리의 사고는 과거에 일어났던 일을 통해 앞으로 어떤 일이 생길지 추측하려 합니다. 사람들 대부분이 과거의 굴레에서 벗어나지 못하는 이유도 바로 여기에 있습니다.

그들은 인간의 제한적인 마음을 이용해서 한 번도 경험하지 못한 뭔가를 창조하려고 합니다. 새로운 것을 창조하기 위해서는 먼저 미지의 세계로 한 발을 내딛고 무념의 상태에서 직관의 말에 귀를 기울여야 한다는 사실을 알지 못하는 겁니다. 우리는 무한한 가능성의 세계에서만 새로움을 창조할 수 있으며, 이를 위한 유일한 방법은 예전에 가보지 못한 미지의 세계로 용감히 향하는 것입니다.

정리하면, 당신의 직관은 바로 이 순간 당신이 어떤 일을 해야 하는지 언제나 알고 있습니다. 그 직관에 접근하는 유일한 길은 무념의 상태를 얻어내는 것입니다.

당신의 개인적인 마음은 무한한 가능성의 공간(미지의 세계)에 발을 들여놓았다는 사실로 인해 두려움을 느낄지 모릅니다. 하지만 두려움을 초래하는 것은 오직 인위적인 사고일 뿐임을 기억하는 순간, 두려운 마음은 사라지고 직관에 따라 행동하고자 하는 용기가 자연스럽게 생겨날 겁니다. 바로 다음 순간 무슨 일이 생길지조차 알 수 없는 상황에서도 내면의 지혜(신)가 삶을 인도하리라는 신념을 품어야 합니다.

미지의 세계에는 모험의 짜릿함과 기쁨이 가득합니다. 또한 당신이 삶에서 무엇을 원하는지 확신하지 못할 때, 미지의 세계에 과감히 한 발을 들여놓는 행동은 그 꿈을 발견할 수 있는 유일한 길이기도 합니다. 당신이 지금까지 소유하지 못한 무언가를 얻기 위해서는 지금까지 해보지 않은 일을 해야 합니다.

직관에 따라 삶을 살아간다고 해서 두려움에 시달릴 일은 없습니다. 마음속에서 두려움이 생겨나는 이유는 당신의 사고가 두려움 주위를 맴돌기 때문입니다. 자기가 두려움을 느끼고 있다는 사실을 스스로 알아차리고, 그 감정을 유발하는 것은 사고일 뿐임을 이해한다면, 환상은 사라지고 평화, 기쁨, 순수한 사랑이 다시 찾아옵니다. 바로 여기가 당신이 있어야 할 공간입니다. 당신은 이곳에서 상상력을 펼치는 데 필요한 모든 긍정적 감정을 마음껏 창조할 수 있습니다.

15

Creating Space
for Miracles

기적을 창조할
공간을 만들 것

나는 오늘 기적을 위한 공간을 마련했다.

그리고 기적의 크기보다는

기적을 창조할 공간을 얼마나 크게 만드느냐가

중요하다는 사실을 깨달았다.

—카일 그레이

어느 선사와 학자 이야기 : 잔을 비우라

옛날에 어느 현명한 선사가 있었습니다. 사람들은 먼 곳에서 그를 찾아와 도움을 청하곤 했습니다. 선사는 그들에게 선을 가르치고 깨달음을 얻는 방법을 알려주었습니다.

그러던 어느 날, 학자 한 사람이 선사를 방문해서 그에게 조언을 구했습니다. "선에 대한 가르침을 받기 위해 왔습니다."

하지만 그 학자가 자기만의 견해와 지식으로 가득하다는 사실은 곧 분명해졌습니다. 그는 선사의 말을 번번이 가로막고 자기 이야기를 늘어놓았습니다. 상대방의 말을 귀담아들으려 하지도 않았습니다.

선사는 그에게 차나 한잔 나누자고 조용히 말했습니다. 그리고 손님의 잔에 차를 따랐습니다. 잔이 다 채워졌는데도 선사는 계속 차를 따랐습니다. 차는 흘러넘쳐 테이블과 바닥에 떨어지고 결국 학자의 옷을 적시기까지 했습니다.

학자는 소리쳤습니다. "그만 따르세요! 잔이 다 채워졌습니다. 안 보이세요?"

선사는 미소를 지으며 이렇게 말했습니다. "바로 그겁니다. 당신은 마치 이 잔과 같습니다. 너무 생각이 많아 다른 것이 더 들어설 여지가 없군요. 잔을 비우고 다시 오세요."

아무것도 없음, 즉 무(無)에 대해 수많은 글이 쓰일 수 있다는 사실은 아이러니합니다. 공간은 바로 무입니다. 우주나 양자물리학을 공부하다 보면 모든 것이 무에서 유래했다는 사실을 알게 됩니다. 위대한 영적 스승들은 여기에 위대한 공허(The Great Nothingness)라는 이름을 붙였습니다. 뭔가를 창조하기 위해서는 창조를 위한 공간이 먼저 존재해야 합니다.

우리의 마음도 마찬가지입니다. 참신한 생각처럼 새로운 뭔가를 창조하려면 먼저 그것을 수용할 공간을 마련해야 합니다. 그래야만 당신의 삶을 바꿔놓을 새로운 아이디어가 그곳에 들어설 수 있는 겁니다. 당신의 마음이 넘치는 찻잔처럼 낡은 생각으로 가득하다면, 마음속에 새로운 아이디어를 받아들여 자신이 원하는 변화를 만들어내는 것은 불가능합니다.

이 공간을 창조하는 길은 무념의 상태를 통하는 방법밖에는 없습니다. 우리가 사고라는 힘겨운 노력을 멈추는 순간, 새로운 생각과 아이디어가 마음속에 자리 잡을 공간이 창조됩니다. 또 우리가 사고를 행하는 방법에 대해 스스로 문제를 제기하는 행위도 마음속에 공간을 만들어내기 위한 훌륭한 방편입니다. 모든 마법은 이 공허의 공간에서 펼쳐집니다.

가령 운동선수들에게는 집중적인 훈련 기간이 필요합니다. 그런데 훌륭한 선수들은 최고의 성적을 유지하기 위해서는 집중적인 훈련 기간 못지않게 집중적인 휴식 기간도 중요함을 잘 압니다. 그들은 휴식을 취하는 동안 심신을 회복하고, 근육을 늘리고, 더 강해집니다. 선수들이 휴식을 통해 만들어낸 이 공간은 그동안 운동에 쏟아부은 모든 노력이 결과가 되어 나타나는 곳이기도 합니다.

토머스 에디슨은 어려운 문제에 부딪혔을 때 의자에 앉아 양손에 쇠구슬을 들고 잠을 청했다고 합니다. 에디슨이 깊은 잠에 빠지면 쇠구슬이 바닥에 떨어지면서 그를 깨웠고, 마음속에서는 문제에 대한 해결책이 떠올랐습니다.

모든 것은 무에서 창조됩니다. 에디슨은 낡은 사고

All the magic happens in this space of
nothingness.

*
모든 마법은
공허의 공간에서 펼쳐집니다.

방식을 바탕으로 문제를 해결하려고 애쓰기보다 마음 속에 새로운 생각이 들어설 공간을 창조해야 한다는 개념을 잘 이해하고 있었습니다. 과거의 사고방식으로 는 문제를 풀어낼 수 없다는 사실을 정확히 알고 있었 던 겁니다.

알베르토 아인슈타인은 이렇게 말했습니다. **"문제를 만들었을 때와 똑같은 수준의 의식으로는 문제를 해결 할 수 없다."**

아인슈타인과 에디슨은 모두 일반인이 이해하기 어 려운 기이한 행동을 일삼았던 비범한 사람들이었지만, 마음속에 공간을 창조하는 일에 대해서는 두 사람의 이해가 같았습니다. 아인슈타인은 어려운 문제에 맞닥 뜨리면 일을 중지하고 바이올린을 연주했습니다. 바이 올린을 켜는 과정에서 문제에 대한 답이 불쑥 떠올랐 고, 덕분에 해결책을 찾을 수 있었습니다. 아인슈타인 은 무념의 상태를 통해 마음속에 공간을 창조했고, 우 주에서 들려오는 신의 조언을 그곳으로 내려받을 수 있었던 겁니다.

우리는 세상의 모든 일을 알아내려고 노력할 필요가 없습니다. 소위 천재라고 불리는 사람들도 세계에서 가장 위대한 일을 이루기 위해 지나치게 심신을 혹사해가며 안간힘을 쓰지 않았습니다. 그러니 우리 같은 평범한 사람들이야 오죽할까요?

우리와 천재들 사이에는 아무런 차이가 없습니다. 모두가 같은 근원에 연결된 존재일 뿐입니다. 이런 사실을 정확히 이해하는 사람은 어떤 문제에 직면해도 그에 대한 통찰을 얻을 수 있습니다. 우리는 한 조각의 생각, 통찰, 아이디어에 따라 전혀 다른 삶을 경험하고 살아갈 수 있는 겁니다.

당신이 문제에 맞닥뜨렸을 때 신의 목소리를 내려받는 방법은 이렇습니다.

1. 사고의 행위가 모든 부정적 감정의 근원이라는 사실을 이해합니다.

2. 마음이 인위적으로 만들어내는 생각을 내려놓고 내적 지혜(신/우주/무한한 지혜)가 답을 줄 것을 믿

습니다. 답이 언제, 어떻게 찾아올지 고민하지 않습
니다.

　3. 사고를 내려놓는 순간 어떤 느낌이 생겨나는지,
사랑, 평화, 기쁨 같은 감정이 어떻게 자라나는지를
스스로 알아차립니다. 당신이 직면한 모든 문제에 사
랑의 마음으로 맞서면 해답은 저절로 당신을 찾아
옵니다.

너무도 단순한 과정처럼 보입니다. 단순함은 바람직
합니다. 진리는 언제나 단순하기 때문입니다. 그러나
단순해 보인다고 해서 꼭 쉽다는 말은 아닙니다. 위대
한 영적 스승들조차 진리를 설명하는 데 때로 어려움
을 겪습니다.

　중요한 것은 당신이 사고의 행위에 사로잡힌다는 사
실이 아닙니다. 자신이 다시 사고를 시작했음을 알아
차렸을 때 어떤 행동을 하는가 하는 것입니다. 사람은
오직 사고하는 것만 느낄 수 있으며, 사고는 모든 괴로
움의 뿌리라는 사실을 기억하는 이는 자유롭습니다.

16

What Happens
When You Begin Living
in Non-Thinking
(Potential Obstacles)

무념의 상태에서
일어나는 일
(잠재적 문제)

다른 사람의 행동이

당신의 내적 평화를 해치지 않게 하라.

―달라이 라마

무념의 상태를 향한 여정에 나선 사람은 필연적으로 크고 작은 장애물에 맞닥뜨리게 됩니다. 따라서 당신에게 닥칠 가능성이 있는 몇몇 잠재적 문제를 미리 이야기함으로써 당신의 여정을 조금 수월하게 만들어 주려고 합니다.

　당신이 무념의 상태에서 살아가기 시작했다면 숱한 걱정, 스트레스, 문제 등으로 얼룩지지 않은 삶의 시간을 누리게 될 것입니다. 당신이 이것들을 문제로 인식하지 않으므로 더 이상 당신에게 문제가 되지 않는 겁니다. 과거에 이런 평화와 고요를 경험하지 못한 당신은 뭔가 낯선 느낌을 받을지도 모릅니다.

인간은 원래부터 낯선 것을 좋아하지 않습니다. 낯설다는 말은 불확실하다는 뜻이기 때문입니다. 아이러니한 사실은 막상 하루의 대부분을 행복하고 평화로운 느낌 속에서 보내게 된 사람들이 그것을 뭔가 잘못됐다고 생각하기 시작한다는 겁니다. 그들은 자신이 생산적이지 못하다거나, '경쟁력'을 잃었다거나, 게을러졌다고 생각합니다. 하지만 그건 진실과는 매우 거리가 먼 착각입니다. 단지 당신의 두뇌가 '안전'에 대한 환상을 창조해서 다시 사고를 시작하게 하려는 시도에 불과합니다.

사실 사람은 행복과 무념의 상태에서 가장 큰 생산성을 발휘합니다. 순수한 기쁨의 상태에 놓이면 시간이 순식간에 지나가는 듯 느껴집니다. 일은 수월해지고, 성과는 개선되고, 사람들은 우리에게 이끌리고, 더 많은 풍요로움이 창조되며, 느닷없는 기적이 벌어집니다. 이런 모든 일을 경험하기 위해서는 가능한 오랫동안 무념의 상태에 머물러야 합니다. 그 뒤에는 누구도 사고에 사로잡힌 상태로 다시 돌아가고 싶어 하지 않을 겁니다.

가장 중요한 것은 모든 것이 괜찮을 거라는 믿음입니다. 우주가 당신의 적이 아니라 당신의 편에서 작용한다는 사실을 알아야 합니다. 어떤 일이든 저마다의 이유가 있어서 일어납니다. 세상에 실패란 없으며 단지 성장을 위한 교훈과 기회가 있을 뿐입니다.

우리는 미지의 세계를 믿어야 합니다. 그곳이야말로 지금 우리가 살아가는 삶과 전혀 다른 형태의 가능성으로 충만한 유일한 곳이기 때문입니다. 미지의 세계는 당신이 삶에서 원하는 바를 포함해 온갖 가능성이 존재하는 장소입니다. 당신이 미지의 세계를 두려워하지 않고 용기를 내어 그곳으로 뛰어들었을 때 삶이 변하지 않는 것은 불가능합니다.

당신이 너무 큰 평화와 만족을 얻었다는 이유만으로 뭔가 잘못됐다는 생각이 들기 시작했다면, 그건 마음이 당신을 다시 사고의 세계로 유도하기 위해 애쓰고 있다는 뜻입니다. 너무도 뛰어난 영업사원인 당신

The Universe is working for you.

*

우주는 당신을 위해
작용합니다.

의 마음은 사고라는 해로운 악순환 속으로 당신을 다시 끌어들이기 위해 어떤 말을 해야 할지를 정확히 알고 있습니다.

미지의 세계에 대한 믿음과 행복감 속에 오래도록 머무를지, 아니면 익숙한 고통과 심리적 괴로움이라는 과거의 습관으로 돌아갈지는 바로 이 순간 당신의 선택에 달려 있습니다. 다시 말해 미지의 세계에서 자유와 행복을 누릴지 아니면 예전과 같은 친숙한 괴로움 속에 갇힐지 결정하는 것은 다름 아닌 우리 자신이라는 뜻입니다.

당신이 다시 사고의 행위를 시작했다고 해도 아무런 문제가 없습니다. 그로 인해 자책하거나 죄책감을 느껴서는 안 됩니다. 본인에게 책임을 돌릴 필요는 없으며, 오히려 그로 인해 사고의 과정만 길어질 뿐입니다. 사람이 뭔가를 생각하는 것은 대단히 자연스러운 일입니다.

당신을 평화, 행복, 사랑의 상태로 되돌려놓기 위해 해야 할 일은 스스로 사고가 시작됐음을 알아차리고 사고의 행위, 즉 생각하기가 괴로움을 초래한다는 사실을 기억하는 것이 전부입니다. 그렇게 해야만 그 이행 과정이 고통과 노력 없이 수월하게 이루어질 수 있습니다.

17

Now What?

**그렇다면 이제
무엇을 해야 하나**

모든 것이 끝났다고 생각되는 순간이 찾아올 것이다.

그때가 바로 모든 것이 시작되는 순간이다.

—루이스 라무르

이제 이 책은 마지막 대목에 이르렀습니다. 이것은 당신에게 새로운 삶의 시작을 의미하기도 합니다. 당신은 평화, 사랑, 기쁨으로 충만한 무념의 상태에서 오직 한 조각의 생각만큼만 떨어져 있을 뿐입니다. 그 점을 잊지 말고 항상 마음에 담아두어야 하는 이유는, 삶이 어려움에 빠졌을 때 그것만이 유일한 희망이기 때문입니다.

나는 이 책의 서두에서 당신이 이 책을 읽은 뒤에는 전과 전혀 다른 사람이 될 거라고 말했습니다. 당신이 자발적이고 열린 마음으로 이 책을 읽기 시작했다면 이미 많은 통찰을 얻었을 것이며 그로 인해 세상을 바라보는 관점이 바뀌었을 것입니다. 그 말은 당신이 예

Once you see something new from
an insight, you cannot unsee it.

*

깊은 통찰을 통해
새로운 세계를 보게 되었다면
이제 그것을 외면하기는
불가능합니다.

전의 그 사람이 아니라는 뜻입니다. 깊은 통찰을 통해 새로운 세계를 보게 되었다면 그것을 외면하기는 불가능합니다. 한 번 확대된 의식이 다시 오그라드는 일도 없습니다. 당신은 때로 그 사실을 깜빡하고 다시 사고의 행위를 시작하면서 괴로움에 빠져들 수도 있겠지만, 그 통찰에 대한 기억을 되살리자마자 자기가 삶의 자각 그 자체라는 사실을 깨닫고 바로 이 자리에 존재하는 사랑, 평화, 기쁨을 되찾을 수 있을 겁니다.

만일 그것이 너무 단순하게 보이거나 단순해서는 안 된다는 저항감에 사로잡힌다면, 그건 마음이 당신을 다시 사고의 세계로 유인하기 때문임을 알아야 합니다. 진리는 항상 단순하며 앞으로도 영원히 그럴 겁니다. 복잡함은 당신을 진리에서 멀어지게 할 뿐입니다. 진리는 당신이 머리로 생각하는 것이 아니라 영혼 깊은 곳에서 알아차리고 느끼는 무엇입니다. 이 모든 것을 알고 있는 내면의 고요한 지혜에 귀 기울이고 삶을 인도받아야 합니다.

우리는 영혼의 말을 들을 때 가장 큰 충만함을 느낍니다. 이 사회는 우리가 너무나 부족한 존재이며 우리에게는 뭔가가 빠져 있거나 원하는 것이 주어져 있지 않다고 끊임없이 광고합니다. 사람들도 각자의 견해, 판단, 조언을 우리에게 폭탄처럼 쏟아붓습니다. 하지만 그들은 저마다의 생각에 사로잡혀 있을 뿐입니다.

그들에게 관심을 표시해주어 감사하다고 말하되 그 어떤 말이든 자신에게 필요할 거라는 환상에 빠져서는 안 됩니다. 당신이 원하거나 필요로 하는 모든 것은 이미 내면에 존재합니다. 그토록 찾아 헤매던 사랑, 기쁨, 평화, 충족감으로 당신의 영혼이 온통 채워져 있는 겁니다. 단지 사고의 노예가 되어 그 사실을 잊어버리고 진리를 보지 못할 뿐입니다.

순수한 평화의 상태를 유지하고 마음속에서 오가는 사고를 내려놓아야 합니다. 당신이 이 공간에 더 오래 머무를수록 삶에서 더 많은 기적이 나타납니다. 당신은 세상으로 나가 마주치는 사람마다 이 메시지를 전하려 할 수도 있겠지만, 어쩌면 그럴 필요조차 없을지 모릅니다. 왜냐하면 사람들은 당신이 전과 달라졌다는 사실을 곧바로 알게 될 테니까요. 당신은 반짝반짝 빛을 내고, 활기를 띠고, 순수한 사랑과 기쁨을 발휘합니다. 사람들은 당신에게 그런 변화가 일어난 이유와 과정을 묻기 시작합니다. 당신은 심리적 괴로움을 멈추고 평화, 사랑, 기쁨 자체가 되는 데 필요한 모든 것을 얻었습니다. 다시 말해 진리를 깨닫고 진리 안에 존재하는 축복을 경험한 겁니다.

당신이 이 책을 집어 들고 우리와 함께 진리를 찾는 여정에 나선 일도 절대 우연이 아닙니다. 나는 우리가 이 순간을 공유할 수 있도록 신이 주선해준 모든 인연에 늘 놀라움을 감추지 못합니다. 삶이라고 부르는 이 아름다운 경험 속으로 당신을 안내하도록 허락받은 것은 나에게는 참으로 영광스럽고 놀라운 축복입니다.

덧붙이는 말

당신에게 작은 부탁을 한 가지 드리고자 합니다. 이 책이 당신에게 조금이라도 도움이 되고 통찰을 준다고 생각한다면, 단 1분의 시간을 내어 책을 구입한 온라인 서점, 또는 아마존 사이트에 책에 대한 후기를 남겨주시기 바랍니다.

나는 당신의 생각, 통찰, 피드백, 그리고 지금까지 밟아온 개인적 여정과 그동안 있었던 일을 모두 알고 싶습니다. 당신이 그곳에 남기는 몇 마디 말은 당신과 똑같은 대답을 찾고 있는 수많은 영혼을 위해 중요한 메시지를 전달하는 역할을 할 것이며, 그 덕분에 누군가의 삶은 완전히 바뀔 수도 있습니다.

내게 개인적으로 연락하고 싶은 독자들은 hello@josephnguyen.org로 이메일을 보내주시기 바랍니다. 어떤 내용이 됐든 환영합니다. 다른 사람의 이야기를 듣는 것은 내게 심오한 기쁨을 안겨주는 일이므로 나는 자신의 이야기를 공유하고 싶은 사람들을 위해 늘 수신함을 열어놓습니다. 독자 여러분의 소식을 기다립니다.

감사의 말

먼저 자신이 발견한 놀라운 원리를 세상 모든 사람에게 기꺼이 나눠준 시드니 뱅크스에게 감사드립니다. 내가 내면에서 진리를 발견할 수 있었던 것은 모두 당신 덕분이었으며, 이제 나도 그 진리를 이 세계와 공유할 수 있는 특권을 얻게 됐습니다.

내 삶을 영원히 바꿔놓은 세 가지 원리를 가르쳐준 스승이자 멘토 조 베일리(Joe Bailey)와 마이클 네일(Michael Neill)에게도 감사의 말씀을 올립니다. 두 분의 관대함과 아낌없는 봉사의 마음은 언제나 내게 끝없는 고마움을 불러일으킵니다. 당신들이 타인을 위해 이미 하고 있는 일, 그리고 앞으로 할 일에 깊은 감사의 뜻을 표합니다.

어머니, 아버지, 앤서니, 제임스, 크리스티안, 브라이언을 포함한 사랑하는 친구와 가족에게도 큰 고마움을 전합니다. 여러분은 내가 내면의 신성을 발견하는 일을 돕고 이 책을 쓰도록 용기를 북돋아주었습니다. 여러분 중 한 사람이라도 없었다면 이 책은 세상에 나오지 못했을 것입니다. 그런 의미에서 여러분은 나와 이 책을 우연히 접하게 될 독자에게 무한한 충격을 선사한 셈입니다. 게다가 아직 태어나지 않은 차세대 독자들의 삶도 여러분으로 인해 바뀔 겁니다.

내가 세상에서 경험한 사람 중에 가장 사랑스럽고 활달한 영혼인 케나(Kenna)에게도 내게 조건 없는 사랑을 쏟아준 데 대해 깊은 감사의 말을 전합니다. 당신이 내 앞에 존재한다는 사실은 나를 한없이 겸손한 사람으로 만들어줍니다. 당신이 선물한 끝없는 사랑 앞에서는 아무리 큰 감사를 표현해도 부족할 따름입니다.

*

**직관의 세계로
나아가기 위한
아주 특별한 안내서**

무념에 관하여

＊ 사고, 즉 생각하기는 모든 괴로움의 뿌리입니다.

＊ 왜 우리가 부정적 감정을 느끼는지 누군가 묻는다면, 그것이 우리의 사고에서 비롯된다는 사실 외에는 드릴 수 있는 대답이 없습니다. 사고를 추적하면 모든 것이 드러납니다. 따라서 문제를 해결하기는 매우 쉽습니다. 사고가 느낌을 불러온다는 사실을 깨닫기만 하면 인위적인 사고의 행위를 내려놓고 평화, 사랑, 기쁨 같은 인간의 자연적 상태로 돌아갈 수 있는 겁니다. 사고, 즉 생각하기를 내려놓는 순간 우리가 원하는 모든 긍정적 감정이 내면에서 솟아오를 공간이 마련됩니다.

＊ 우리는 실제가 아니라 실제에 대한 관념 속에서 살아갑니다. 그리고 그 관념은 우리의 사고에서 만들어집니다.

＊ 사고는 우리의 경험이 만들어낸 효과가 아닙니다. 경험의 원인입니다.

＊ 우리의 마음속에 떠오른 생각은 사실이 아닙니다.

＊ 사고는 그 가치를 믿는 사람에게만 통제력을 발휘합니다. 괴로움을 내려놓기 위해서는 사고에 대한 믿음을 접어야 합니다.

＊ 사람의 감정은 우리가 진리를 확실하게 깨쳤는지 그렇지 못한지 알려주는 선천적인 안내 시스템입니다. 감정은 진리에 대한 심오한 이해로 우리를 초대합니다.

＊ 우리는 아무것도 사고하지 않을 때 몰입의 상태에 들어갑니다.

＊ 우리가 무념의 상태에 놓여 있을 때는 우주, 우리 자신, 그리고 삶 사이에 아무런 단절이 없습니다.

우리가 '근원'과 세상 만물로부터 연결을 끊어버리는 것은 사고를 시작하면서부터입니다. 그것이 바로 에고가 탄생하는 순간입니다.

＊ 사고와 생각은 다릅니다. 사고는 생각하는 일을 가리키는 '동사'입니다. 이는 우리의 인위적인 노력을 요구하는 행위이자 모든 괴로움의 근원입니다. 반면 생각은 우리 자신이 아니라 우주에서 내려오는 신의 목소리를 의미하는 '명사'입니다.

＊ 우리가 뭔가를 생각하는 이유는 그것이 생존을 위한 생물학적 반응이기 때문입니다. 우리의 마음은 육신의 생명을 유지하기 위해 사고하지만, 그것이 행복한 삶을 돕지는 못합니다. 마음은 삶의 보람보다 육신의 안전과 생존에만 관심이 있습니다. 사고는 부정적 감정을 불러일으켜 우리가 '최고의 자아(Highest Selves)'에 접근하지 못하도록 막고 참된 소명을 따르는 일을 방해합니다.

＊ 우리의 마음은 개인적 경험에 한정되어 있습니다. 자아의 제한된 능력을 뛰어넘어 높은 수준의 통찰, 창의성, 지식을 얻고 싶은 사람은 자신의 한정적인 마음보다는 무한한 지혜의 말에 귀를 기울여야 합니다. 우리가 원하기만 한다면 언제나 이 무한한 진리의 원천을 마음껏 활용할 수 있습니다.

＊ 보편적 지혜 또는 보편적 마음은 우주의 만물을 움직이는 에너지입니다. 이는 형체를 지닌 모든 것의 원천이자 우리를 만들어낸 근원이기도 합니다. 이 에너지는 사랑, 평화, 기쁨, 연결, 행복 같은 감정으로 충만합니다. 우리는 인위적인 사고의 행위를 내려놓을 때 우리의 자연적 상태인 그곳으로 되돌아갈 수 있습니다.

＊ 모든 사람은 무한한 지혜라는 같은 근원에 연결되어 있으므로 사고의 행위를 내려놓는 순간 예전에 경험해보지 못한 새로운 생각, 아이디어, 통찰에 접근

하게 됩니다. 다시 말해 무한한 지혜와 직관을 더 신뢰할수록 우리에게 항상 주어져 있는 통찰을 더 많이 얻을 수 있습니다.

＊ 평화, 사랑, 기쁨 같은 긍정적 감정은 인간의 자연적 상태입니다. 하지만 우리는 뭔가를 생각하기 시작하면서 이 자연적 상태에서 스스로 벗어납니다. 사고의 행위를 접어야만 존재의 자연적 상태로 복귀함으로써 어떤 노력도 없이 모든 긍정적 감정을 경험할 수 있습니다.

＊ 우리는 의식을 확장하고 더욱 심오한 사랑을 경험할 수 있는 곳에서 오직 한 조각의 생각이나 통찰만큼만 떨어져 있을 뿐입니다. 이 모든 것은 무념의 상태에서 옵니다.

＊ 우리 마음의 본성과 자연적 상태는 맑고 깨끗합니다. 하지만 생각하기에 사로잡힌 사람에게는 주위의

사물이 다르게 보입니다. 우리가 인위적인 사고의 행위를 내려놓는다면 평화, 사랑, 기쁨, 고요함 같은 '공장 초기화' 상태로 돌아갈 수 있습니다.

 * 이 우주에서 원래부터 잘못된 사물이나 잘못된 사람은 없습니다. 단지 우리가 그렇게 생각할 뿐입니다. 당신은 고장 나지 않았으므로 수리할 필요가 없습니다. 당신이 깨닫고 기억해야 할 유일한 한 가지는 생각하기가 모든 괴로움의 근원이라는 사실입니다. 당신이 본인의 사고에 개입해서 할 일은 아무것도 없으며, 단지 사고에 대한 이해를 새롭게 가다듬는 것만으로도 생각과 몸을 포함해서 자기가 아는 모든 것을 훨씬 뛰어넘는 존재인 참된 당신 자신으로 돌아갈 수 있습니다. 요컨대 생각하기를 내려놓는 순간 무한한 지혜와 하나가 되면서 당신에게 항상 주어져 있는 풍부한 사랑, 평화, 기쁨을 끝없이 누릴 수 있는 겁니다. 그것이 당신의 진정한 본성입니다.

＊ 당신이 무한한 지혜를 위한 공간을 만들 때 무한한 지혜는 당신을 위한 공간을 만들어냅니다. 당신이 그 지혜를 믿을수록 그 지혜는 당신을 더 많이 믿습니다. 당신이 창조할 수 있는 공간의 크기에는 한계가 없습니다. 당신의 삶과 마음에 무한한 지혜가 들어올 공간을 마련하는 일을 무엇보다 우선시할 때, 당신의 삶은 변할 것입니다.

당신을 무념의 세계로 인도합니다

* 당신에게 더 많은 사고를 유발하는 (또는 당신을 투쟁 및 도피 모드에 돌입하게 하는) 사물을 삶에서 제거합니다.

* 당신에게 감동이나 즐거움을 안겨주지 않는 사물이나 행위를 삶에서 최대한 많이 제거합니다.

* 당신을 무념의 상태에 머물게 하는 데 도움이 되는 환경을 만듭니다.

* 당신이 평화로운 무념의 상태에서 하루를 시작할 수 있도록 아침마다 '활성화 의식'을 정해서 이를 실천합니다. 그렇게 창조된 공간으로 무한한 지혜가 들려주는 통찰을 받아들이고 삶의 길을 헤쳐갑니다.

＊ 당신이 하루를 보내며 느긋하고 편안한 마음으로 무념의 상태로 돌아갈 수 있는 공간을 창조합니다. 하루의 일과 속에서 이런 상태를 얻어내는 데 도움이 되는 요인이 무엇인지 글로 기록합니다. 일기를 쓰고, 산책을 하고, 명상에 들고, 반려동물과 함께하고, 낮잠을 자고, 요가를 하고, 그 외에도 당신의 긴장을 풀어주는 일이면 무엇이든 좋습니다.

생각하기를 멈추는 3단계

1단계

생각하는 행위, 즉 사고가 모든 괴로움의 근원이라는 사실을 깨닫습니다. 괴로움의 진정한 본성을 이해합니다.

- 당신이 괴로움을 겪고 있다는 말은 뭔가를 생각하고 있다는 뜻입니다.
- 사고와 생각의 차이점을 이해해야 합니다.
- 괴로움의 근원을 찾으려고 애쓰지 마세요. 사고가 바로 근원입니다.

2단계

부정적 사고를 수용할 공간을 마련합니다.

- 부정적 사고가 일어나도록 놓아두고, 그 모습 그
  대로를 인정합니다.

- 사람은 부정적 감정을 수용하는 신성한 공간이지
  만, 우리가 부정적 감정 그 자체는 아니라는 사실
  을 이해합니다.

- 부정적 사고가 생겨나는 일을 두려워하지 말고
  당신의 의식 속에 자리 잡도록 허락합니다. 부정
  적 사고의 존재를 기꺼이 받아들이고, 그것은 단
  지 당신에게 인정받으려고 노력할 뿐임을 인지합
  니다.

- 부정적 사고가 당신에게 힘을 발휘하는 것은 당신
  이 그것의 가치를 믿을 때뿐이라는 것을 깨닫습
  니다.

- 부정적 사고가 의식 속에 자리 잡도록 놓아두고
  그것이 초래한 부정적 감정에 저항하지 않을 때,
  당신은 감정을 넘어 그 뒤에 존재하는 진리를 바

라볼 수 있습니다.

- 모든 감정은 당신의 앎을 깊어지게 하고 더 완전한 삶을 경험하게 해주는 진리의 씨앗을 품고 있습니다.

3단계

당신이 뭔가를 생각하고 있다는 사실을 인지했다면, 그 과정이 그냥 지나가도록 놓아둡니다. 무엇에도 집착하지 말아야 합니다. 그러면 평화, 사랑, 기쁨 같은 긍정적 감정이 자연스럽게 샘솟게 됩니다. 이런 감정들을 충분히 즐기도록 스스로 허락합니다. 만일 부정적 감정이 여전히 사라지지 않는다면, 1단계로 돌아가 평화를 찾을 때까지 과정을 반복합니다.

잠재적 장애물

1. 사고

당신은 사고하는 일을 포기하려 들지 않습니다. 사고의 행위 덕분에 지금의 당신이 있게 됐다고 생각하기 때문입니다. 그 말이 사실일 수도 있으나 당신을 이 곳으로 이끌었던 뭔가가 꼭 다른 곳으로도 데려다주지는 못한다는 사실을 알아야 합니다. 삶에서 반복되는 괴로움의 악순환이나 파괴적 패턴의 굴레에서 벗어나고 싶다면 지금까지 했던 것과 다른 일을 시도해야 합니다. 정신 이상도 이와 비슷한 방식으로 계속 반복되지만, 그 결과는 사뭇 다릅니다. 진정한 문제는 당신이 행복해지기를 스스로 원하느냐 하는 겁니다. 사고의 행위가 모든 괴로움의 근원임을 이해하고 더 이상 불행의 늪에 빠지기를 원치 않을 때 무념의 상태를 향해 믿음의 도약을 이룰 수 있습니다.

2. 부족한 믿음

하루하루가 기쁨, 평화, 사랑으로 가득한 삶을 누리기 위해서는 당신이 먼저 그것이 가능하다는 사실을 믿어야 합니다. 다시 말해 그 감정들은 삶의 모든 것을 영원히 주관하는 위대한 힘(우주/신)의 한 부분임을 믿어야 하는 겁니다. 비록 우리의 제한된 마음으로는 끝까지 헤아릴 수 없지만, 우리 자신보다 위대한 무언가에 대한 믿음을 갖는 일은 삶의 모든 일에 걱정을 일삼는 인위적인 노력을 포기하고 온전한 평화를 경험할 수 있는 유일한 방법입니다.

3. 두려움

당신이 우주 또는 신을 믿을 때 생기는 두려움은 지극히 정상적인 감정입니다. 우리가 그런 느낌을 품게 되는 이유는 우주가 미지의 세계이기 때문입니다. 두려움은 우리에게 무언가가 매우 중요하다는 사실을 알려주는 표시이므로 한편으로 매우 바람직한 신호일 수 있습니다. 우리가 원하는 모든 것의 이면에는 두려움이 놓여 있으며 우리는 마음 깊은 곳에서 그 사실을 압니다.

당신이 원하는 것을 얻어내기 위해서는 두려움을 이겨내는 테스트를 통과해야 합니다. 두려움에서 벗어나려면 내면 깊은 곳으로 들어가 당신에게 그 무엇도 문제 될 것이 없다는 사실을 스스로 확인하고 깨달아야 합니다. 두려움은 당신을 살해하지 않습니다. 하지만 그 감정 앞에 의연하게 맞서지 않는다면, 두려움은 당신의 삶과 꿈을 송두리째 앗아갈지도 모릅니다.

사고는 모든 두려움의 근원입니다. 생각하지 않으면 두려움도 없습니다. 그러므로 사고하기를 멈추는 방법을 잘 따라 실천에 옮기면 두려움을 이겨내고 무한한 삶을 경험할 수 있습니다.

내가 무념의 상태에 들었다는 것을
어떻게 알 수 있을까

생각하기를 멈추면 완전한 평화, 사랑, 기쁨, 열정, 환희, 영감, 축복을 포함해 마음이 품을 수 있는 모든 긍정적 감정을 경험하게 됩니다. 당신은 마치 철저한 몰입의 상태에 빠진 듯이 시공간에 대한 감각을 잃어버리고, 심지어 자기 자신마저 느끼지 못합니다. 그야말로 삶과 '하나'가 되는 겁니다. 당신이 이런 상태에 빠져 있다면 그것이 바로 생각하기를 멈췄다는 증거입니다.

자신을 돌아보기 위한 몇 가지 지표

오늘 하루 얼마나 많이 생각했는지 1부터 10까지 점수를 매겨봅니다(1은 가장 적게 생각한 것이고, 10은 가장 많이 생각한 것입니다).

당신은 오늘 하루의 몇 퍼센트를 투쟁 및 도피 모드

로 보냈으며, 몇 퍼센트를 느긋하고 고요한 상태에서
보냈나요?

무념의 환경을 만들기 위한
기초 가이드

당신은 무념을 유도하거나 무념 상태에 도움이 되는 환경을 창조할 수 있습니다. 반대로 더 많은 사고를 불러오는 환경을 만들 수도 있습니다.

사람은 내면에서 바깥으로 실제를 만들어내지만, 여전히 주위 환경에 많은 영향을 받습니다. 인간은 물리적 세계에서 살아가는 영적 존재이기 때문에 이 3차원의 세계와 완전하게 단절되지는 못합니다. 따라서 무념의 상태에 더 수월하게 도달할 수 있는 환경을 만드는 일은 우리에게 매우 중요합니다.

가령 일터에서 생산성을 높이는 데 가장 좋은 방법은 더 많은 일을 하려고 애쓰기보다 일에 방해가 되는 요소들을 제거하는 겁니다.

이와 비슷하게 우리를 사고에 빠져들게 하는 수많은 요소를 제거한다면, 우리는 평화로운 무념의 상태에 더 쉽게 도달할 수 있습니다. 다만 당신 자신을 바꾸지 않고 환경만 바꾸는 방법은 효과가 그리 오래 지속되지 않는다는 사실을 기억해야 합니다. 두 가지 변화를 섬세하게 배합해야만 당신이 살아가고자 하는 멋진 삶을 창조할 수 있습니다.

생각하는 습관을 없애는 법

1. 당신에게 더 많은 사고를 유도하는 요인이 무엇인 지를 살펴보고 목록을 작성합니다.

    1) 마음속에 떠오르는 요인을 모두 글로 옮깁니 다. 당신은 두뇌의 직관이나 몸에서 느껴지는 에너지를 이용해서 그 특정한 요인이 자신에게 어떤 도움이나 해를 주는지 판단할 수 있습니 다. 당신이 조용하고 느긋한 상태에 놓여 있다 면 분명한 대답이 떠오를 겁니다.

    2) 만일 아무런 답이 떠오르지 않는다면, 무엇이 당신을 투쟁 및 도피 모드로 유도함으로써 불 안감과 과도한 사고에 빠지게 했는지 기억해봅 니다. 당신의 물리적 생존을 위해 안간힘을 쓰 게 하는 무엇도 무념의 상태를 유지하는 데 도

움이 되지 않습니다.

3) 여전히 아무것도 떠오르지 않는다면, 당신이
한 주를 어떻게 보내고 있는지 일기에 자세히
기록합니다. 그리고 자신을 투쟁 및 도피 모드
에 빠지게 하는 모든 요인을 적습니다. 주말쯤
에는 훌륭한 목록을 작성할 수 있을 겁니다.

2. 당신이 적은 모든 것을 항목별로 정리합니다. 예
를 들어 투쟁 및 도피 모드 반응(불안, 스트레스, 과도한
사고)에 이르게 하는 목록을 다음과 같이 항목별로 나
눌 수 있습니다.

1) 신체적 건강
당신의 몸은 주로 무엇을 섭취했을 때 더 많은 투
쟁 및 도피 모드 반응을 경험합니까? (음식, 흥분
제, 음료 등)

2) 물리적 환경

당신의 물리적 환경 중에 더 많은 투쟁 및 도피
모드 반응을 유발하는 것은 무엇입니까?

3) 디지털 환경

당신의 휴대전화, 컴퓨터, TV 같은 물건 중에 더
많은 투쟁 및 도피 모드 반응을 유발하는 것은
무엇입니까?

4) 디지털 소비

당신이 소비하는 어떤 미디어 또는 콘텐츠가 더
많은 투쟁 및 도피 모드 반응을 유발합니까?

3. 모든 것을 분류한 뒤에 목록을 다시 정리하고 당
신에게 가장 큰 영향을 미치는 항목부터 가장 작은 영
향을 미치는 항목까지 순위를 매깁니다.

4. 목록의 가장 위에 놓인 항목들을 선택해서 이들

을 주위 환경에서 제거하기 위해 해야 할 일에 대해 계획을 세웁니다. 당신이 더 많은 스트레스를 받지 않고도(그렇게 된다면 원래의 목적과 어긋납니다) 실행이 가능한 일을 골라야 합니다. 작은 일부터 실천하기 시작해서 점차 변화에 익숙해지고 그 변화의 영향력을 확인할 수 있게 된 뒤에는 다른 항목들도 하나씩 제거해 나갑니다.

무념의 환경을 창조하는 법

당신을 느긋하고 평화로운 무념의 상태로 이끄는 데 도움이 되는 모든 요소를 글로 옮깁니다. 여기에는 운동하고, 명상에 들고, 특정 장르의 음악을 듣고, 다른 지역을 방문하는 등의 활동이 전부 포함됩니다. 그 뒤에 당신이 나열한 항목들을 종류별로 분류합니다.

1. 무념의 상태로 이끄는 활동들을 다음과 같이 분류해봅니다.

1) 신체적 건강

당신은 무엇을 섭취했을 때 몸이 더 건강하고, 오랫동안 에너지에 넘치고, 평화로움을 느낍니까?

2) 물리적 환경

당신의 물리적 환경에서 어떤 요인이 신적 자아와

연결되는 느낌을 안겨줍니까?

3) 디지털 환경

당신의 휴대전화, 컴퓨터, TV 같은 물건 중에 어떤 부분이 신적 자아와 연결되는 느낌을 안겨줍니까?

4) 디지털 소비

당신이 소비하는 어떤 미디어 또는 콘텐츠가 최고의 자아와 연결되는 느낌을 안겨줍니까?

2. 각 범주 중에 당신이 무념의 상태에 들거나 그곳에 머무는 데 가장 큰 영향을 미치는 항목부터 가장 작은 영향을 미치는 항목의 순서로 순위를 매깁니다.

3. 각 목록의 가장 높은 곳에 적힌 항목들을 선택해서 이들을 당신의 일상에 녹여 넣을 계획을 세웁니다. 한꺼번에 너무 많은 변화를 계획하는 일은 감당하기

가 어려우므로 피해야 합니다. 당신이 현재 해낼 수 있는 일을 고르고, 이런 과정에 익숙해지면서 점차 다른 계획을 추가합니다.

4. 당신을 무념의 상태에서 최고의 자아와 연결하는 데 도움을 주는 '활성화 의식'이나 아침 일과를 정해서 실천합니다. 당신이 현재 상태에서 행동으로 옮길 수 있는 가장 이상적인 아침 일과를 계획하시기 바랍니다. 감당하기가 너무 어려운 일보다는 작은 행동부터 하나씩 시작해야 합니다. 그리고 삶의 공간을 만들어낼 시간(즉 명상이나 요가처럼 무한한 지혜에 접속하는 데 도움이 되는 영적 행위의 시간)을 점차 확보해 나갑니다.

5. 당신이 하루를 어떻게 시작하느냐에 따라 그날의 나머지 시간을 어떻게 보낼지 결정하는 모멘텀이 창조됩니다. 당신이 눈을 뜨자마자 휴대전화를 들여다보고, 이메일을 확인한다면 스트레스로 가득한 투쟁 및 도피 모드의 사고 속에서 하루를 시작하는 셈입니다.

그 영향은 남은 시간 내내 이어집니다.

6. 당신이 평화로운 상태에서 하루를 시작하고 자신을 무념의 상태로 이끄는 데 도움이 되는 일과를 수행한다면, 그 모멘텀을 온종일 이어갈 수 있습니다. 그런 상황에서는 외부적 요인들에 사로잡혀 인위적 사고와 스트레스의 상태로 빠져들 확률이 훨씬 낮습니다. 모든 위대한 영적 스승이 어떤 종류든 자신만의 아침 일과나 의식을 실천하는 이유는 그 때문입니다.

일터에서 무념을 실천하는 법

1. 당신의 업무 중에 많은 에너지를 소모하는 일, 즉 내키지 않거나 부담스러운 느낌을 주는 일의 목록을 만듭니다.

2. 당신의 업무 중에 에너지를 불러일으키는 일, 즉 자신을 고무시키고, 활력과 생기를 주고, 홀가분한 느낌을 선사하는 일의 목록을 만듭니다.

3. 목록에 담긴 항목들을 살펴보고 1부터 10까지 단계별로 점수를 매깁니다. 가령 에너지를 극도로 소모하는 일은 1이고 가장 큰 활력과 영감을 선사하는 일은 10입니다.

4. 매주 이 목록에서 1~3위에 해당하는 일(에너지를 고갈시키는 일)은 줄이고, 9~10위에 해당하는 일을 늘

려 나갑니다.

5. 이 목록의 9~10위에 해당하는 일을 수행하는 데
전체 업무 시간의 80퍼센트를 사용한다는 목표를 세
웁니다.

파괴적 습관이나
행동을 극복하는 13단계

당신은 삶에 더 많은 공간을 만들어내고 무념의 상태에 들기 시작한 뒤에도 수많은 부정적 또는 파괴적 습관이 여전히 마음에 괴로움을 만들어내고 있다는 사실을 알게 될 겁니다. 그렇다고 해도 문제가 될 것은 전혀 없습니다. 그로 인해 자책할 필요는 없으며, 그럴수록 상황을 더욱 어렵게 만들 뿐입니다. 당신의 파괴적 습관을 고치는 데 도움을 주는 지침을 아래에 좀 더 상세하게 정리했습니다.

1. 당신이 어떤 행동을 바꾸고자 하는지 스스로 알아차리고 본인이 그 습관을 정말로 고치기를 원하는지 다시 확인합니다. 삶의 방식을 바꾸고 괴로움의 악순환에서 벗어나기를 원한다면, 먼저 괴로움을 초래하는 오랜 믿음을 바꾸고 내려놓아야 합니다. 물론 당신

이 아무것도 바꾸고 싶지 않다면 더 이상 말할 게 없지만, 만일 변화를 원한다면 먼저 습관을 내려놓는 작업을 시작하시기 바랍니다.

2. 당신이 바꾸기를 원하는 습관적 행동에 관한 내용을 정확하고 상세하게(얼마나 자주 발생하고, 어떨 때 발생하고 등) 글로 옮깁니다. 세부적인 사항도 놓쳐서는 안 됩니다.

3. 그 행동을 취하기 바로 전에 어떤 감정을 느낍니까? 그 행동을 유발하는 감정은 무엇입니까? 솔직하게 대답합니다.

4. 그 행동과 관련해서 어떤 식으로 사고가 진행됩니까? 그 행동이 일어나는 순간 당신 자신에게 무어라고 말합니까? 정확하고 상세하게 기술하세요.

5. 이 습관에 대한 당신의 믿음은 무엇입니까? 당신

은 어떤 결론을 통해 그 행동을 반드시 수행해야 한다고 느끼게 됐습니까?

6. 그 사고방식을 믿을 때 어떤 감정을 느낍니까?

7. 당신이 그 행동을 하지 않으면 어떻게 되리라고 생각합니까? 다시 말해 그 행위를 수행하지 않을 때 어떤 결과가 초래될 것으로 믿습니까?

8. 그 행동을 취하지 않으면 당신의 예상과 100퍼센트 일치하는 결과가 나옵니까?

9. 당신은 그런 사고의 행위가 얼마나 파괴적이고 큰 괴로움을 불러오는지를 알고 있습니까?

10. 그런 사고나 습관을 없애고 싶습니까?

11. 당신의 내면적 지혜와 최상의 자아가 들려주는

조언에 귀를 기울여봅시다. 이들은 당신에게 어떤 말을 하나요? 당신에게 무엇을 가르치나요? 당신의 삶에 균형을 되돌리려면 어떻게 해야 한다고 조언하나요? 당신이 좀 더 성장하기 위해서는 무엇을 해야 한다고 말하나요? 당신이 습관을 바꾸고자 하는 진정한 이유를 알아내기 위해서는 마음속에 공간을 창조하고 무한한 지혜가 통찰을 들려주기까지 기다려야 합니다.

12. 위대한 지혜로부터 통찰을 얻어낸 사람은 자유, 평화, 기쁨을 온전히 누릴 수 있을 뿐 아니라, 오랫동안 어깨를 짓누르던 무거운 짐이 한결 가벼워짐을 느낍니다. 과거의 행동이나 습관이 예전처럼 남아 있지 않고, 육체적·정신적으로 에너지가 넘치고 홀가분한 느낌을 받는다면, 당신은 옳은 일을 한 겁니다. 이제 깊은 감사의 느낌에 온전히 자신을 맡기고 그저 당신으로서 존재할 시간입니다.

13. 당신이 얻은 통찰이나 경험을 일기에 기록하면

삶에서 일어난 기적을 문서로 남길 수 있습니다.

부정적 감정이 다시 찾아오면 어떻게 해야 할까

당신이 삶을 인식하는 관점을 완전히 바꿔주는 통찰을 얻거나 돌파구를 발견할 때까지 이 안내서를 거듭 참조합니다.

옮긴이 | 박영준

대학에서 영문학을 전공하고 대학원에서 경영학을 공부한 후 외국계 기업에서 일했다. 현재 바른번역 소속 전문번역가로 활동 중이며 다양한 분야의 책을 번역하고 있다. 역서로는 《슈퍼사이트》, 《슈퍼에이지 이펙트》, 《언러닝》, 《자전거의 즐거움》 등이 있다.

당신이 생각하는 모든 것을 믿지 말라

초판 1쇄 발행 2023년 11월 22일
초판 21쇄 발행 2024년 2월 28일

지은이 조세프 응우옌
옮긴이 박영준

책임편집 이정아
마케팅 이주형
경영지원 홍성택, 강신우, 이윤재
제작 357 제작소

펴낸이 이정아
펴낸곳 (주)서삼독
출판신고 2023년 10월 25일 제 2023-000261호
주소 서울시 마포구 월드컵북로 361, 14층
이메일 info@seosamdok.kr

ⓒ 조세프 응우옌
ISBN 979-11-985174-0-1 (03320)

서삼독은 작가분들의 소중한 원고를 기다립니다. 주제, 분야에 제한 없이 문을 두드려주세요.
info@seosamdok.kr로 보내주시면 성실히 검토한 후 연락드리겠습니다.